홍차가 우려지는 동안

홍차가 우려지는 동안

이옥순 수필집

수필과비평사

머리말

유쾌한 글을 모아 책을 내려고 했습니다. 분명 그런 시간이 많았던 것 같은데 흔적은 꼭 그렇지 않아 아쉽습니다. 마음먹은 대로 되는 일도 있고, 마음먹은 대로 되지 않는 일도 있다는 것을 실감합니다.

꽃을 가꿀 때는 부담이 없습니다. 한 송이가 피어도 고맙고 행복합니다. 무더기로 피면 다른 힘이 보태진 것 같아 저절로 공손해집니다. 바느질도 마음대로 편하게 합니다. 이음 자국이 삐뚤삐뚤한 가방도 그냥 들고 다니고, 크게 만들어 풍성한 옷도 즐겨 입고 다닙니다.

나를 훌쩍 뛰어넘어 유쾌한 사람이 되어 있을 줄 알았습니다. 이 글을 정리하면서 다시 생각합니다. 욕심이었나 봅니다. 다짐이 쌓이고 시간이 지나면 마음먹은 대로 살 수 있으리라 다시 기대합니다. 천천히 가보려 합니다.

아쉬운 시간마다 위로의 말을 건넸던 남편이 고맙습니다. 그 위로의 말 같아서 그가 찍은 사진을 넣습니다. 둘이라 한결 낫습니다.

2013. 12. 20.

비야리에서 이옥순

차례

1

13 • 홍차가 우려지는 동안
17 • 가자미 발라 먹는 법
21 • 미미의 집
25 • 참다운 친구
29 • 두드러기
33 • 콩나물시루에서 물 떨어지는 소리
39 • 라면은 짜
43 • 그럼에도 불구하고
47 • 달달한 날
50 • 잭

2

55 • 인도의 꼬마
59 • 공책 한 권
62 • 그 약간의 탐욕
66 • 청담동 파마
72 • 신발끈
76 • 바늘겨레
80 • 모과 두 개
83 • 생명은
88 • 다행이야
90 • 장미의 계절

3

- *97* • 산길은 험하고 해는 짧다
- *101* • 겨울 끝자락의 권태를 털어내는 방법
- *105* • 여행의 끝
- *110* • 말랑한 꿈
- *114* • 봄 도다리
- *118* • 산삼
- *122* • 단풍나무 숲
- *125* • 곶감과 풋감
- *130* • 갈비와 갈쿠리
- *134* • 내리사랑 치사랑

4

143 • 풀꽃
147 • 꽃밭의 운명
151 • 비밀의 문
155 • 투명인간
159 • 그럼에도 불구하고
163 • 절호의 기회
166 • 열무 다섯 단
173 • 단단한 뿌리
176 • 어메이징 그레이스
181 • 발자국 속의 별
184 • 이것 또한 지나가리라
189 • 바느질하는 이유

1

홍차가 우려지는 동안
가자미 발라 먹는 법
미미의 집
참다운 친구
두드러기
콩나물시루에서 물 떨어지는 소리
라면은 짜
그럼에도 불구하고
달달한 날
잭

홍차가
우려지는 동안

오후 네 시, 찻장 앞에 선다. 차 통을 집어 라벨을 읽는다. 눈은 깔끔한 다질링에 손은 달콤한 사쿠람보에 간다. 그중 한 개를 린넨 보가 깔린 탁자 위에 내려놓는다. 꽃무늬 잔도 그 옆에 놓는다. 탁자 위에는 차 마실 준비가 점점 되어간다.

전기주전자 속을 들여다보고 물을 받는다. 스위치를 누르자 열선 가열되는 소리가 파도소리처럼 들린다. 뜨거운 물로 차 우릴 주전자를 데운다. 차 통의 뚜껑을 열고 향을 맡는다. 차를 계량하여 담는 동안 조금 전보다 평화로워진다. 찻잎이 떠올라 춤을 출 정도의 높이에서 뜨거운 물을 붓는다. 삼 분짜리 모래시계를 뒤집어

놓는다.

차가 우려지는 동안 거실을 가로질러 컴퓨터 앞으로 간다. 켜 놓은 음악 사이트의 곡을 바꾼다. 포털사이트 하나를 띄워 몇 가지 기사를 훑는다. 새로 올라온 기사를 보고도 펼치지 않는다. 블로그에 어제 올린 사진과 글을 다시 읽어본다. 인기 블로그 하나를 클릭해 새로 올라온 요리 사진을 대충 훑어본다.

책장 앞으로 간다. 책을 고르고 차를 우리거나, 차가 우려지는 동안 책을 고르거나 늘 둘 중 하나다. 류시화 시집과 필립 들레름 수필집을 꺼낸다. 또 저녁에 읽을 책 한 권을 반쯤 빼내어 놓는다. 반쯤 빼 놓은 채로 몇 날 며칠이 지나기도 하지만 버릇처럼 책을 줄 세운다.

거실로 나와 부엌으로 돌아서는 순간 마당 끝에서 뭔가가 시선을 당긴다. 둥지를 떠나는 어린 새를 배웅이라도 하는지 어미 새의 움직임이 요란하다. 아기 새는 기는 듯 나는 듯 넘어지곤 한다. 온몸으로 파닥거리다 겨우 풀숲으로 들어간다. 아기 새의 안녕을 빈다.

다시 창에 붙은 물체로 눈길이 간다. 농사에 피해를 주는 신종 메뚜기, 장미 꽃잎을 갉아 먹어버린 그놈이다. 무심히 넘길 수가 없다. 놈을 당장 처치하기 위해 현관으로 나간다. 막상 뒤에 서니 어떻게 해야 할지 난감하다. 손으로 잡을 수도 없고 발로 밟을 수도 없다. 책으로 부채질을 해본다. 긴 다리를 미세하게 움직일 뿐이다. 책 모서리로 툭 건드리니 뛰어내리듯 바닥으로 떨어진다.

반사적으로 발이 나간다. 감나무 이파리 한 장을 뜯어 기절한 메뚜기를 집는다.

꽃잎을 갉아먹다가 새의 부리에 찍혔나 보다. 달콤함에 정신 줄 놓은 결과다. 찍히고 밟힌 메뚜기를 풀숲으로 던진다. 다시 새의 먹이가 될지는 알 수 없다. 그건 메뚜기의 운명이다.

아래 밭에서 아욱을 뜯고 계신 노인을 향해 메뚜기가 많이 늘었다고 하니, 새로울 것도 없다는 듯 작은 목소리로 반응하신다. 아욱이나, 호박이나 가지나 심을 땅에 장미를 심었다고 혼내실 때는 목소리가 컸는데, 장미가 자리 잡는 동안 많이 늙으셨다. 뭉게구름을 올려다보며 집 안으로 들어온다.

    모래시계가 멈췄다. 꽃무늬 서빙주전자에 티스트레이너를 걸치고 우려진 차를 따른다. 차의 색이 붉으면서 노랗다. 비로소 의자에 앉아 마른 입속으로 차를 한 모금 넘긴다. 달콤한 차향이 입안에 퍼진다. 시 한 줄 읽는다. 홍차가 우려지는 시간은 아주 짧은 것 같지만 아주 길기도 하다.

가자미
발라 먹는 법

　참가자미를 머리부터 꼬리까지 통째로 노릇하게 구웠다. 먹을 사람은 나 혼자다. 혼자의 시간이 오기를 은근히 기다렸는데 막상 기회가 주어지니 재미있게 보낼 수 있을지 기대된다. 생선을 머리부터 꼬리까지 통째로 먹는 것처럼 하루를 그렇게 알차게 보내고 싶다.
　그동안 생선을 굽기는 해도 잘 먹지는 않았다. 젓가락질이 서툴러 손으로 가시 바르는 게 귀찮았다. 어쩌다 손으로 생선가시를 바를 때는 아이들 입에 넣어주기 위해서였다. 가끔 남편이 가시 바른 생선살을 내 숟가락 위에 얹어주었다. 딸들에게는 더 자주 그랬다.

18 홍차가 우려지는 동안

남편은 생선을 무척 좋아한다. 바다에서 나는 건 무엇이든 그냥 지나치지 못할 정도다. 삼 일만 생선비린내를 맡지 않으면 입에 가시가 돋친다며 생선을 찾아 코를 벌름거린다. 그는 좋아하는 만큼 생선살을 잘 발라 먹는다. 젓가락만 가지고도 깔끔하게 접시를 비운다. 머리부터 꼬리까지 계획성 있게 먹는다. 마치 그의 일과처럼 생선을 먹어간다.

남편은 일과에 충실하다. 허둥지둥 아침을 보낸 적도 없고 매일 이른 시간에 출근한다. 잠자리에 들 적당한 시간을 어길 만한 일을 만든 적도 없다. 무슨 일이든 정해진 시간보다 일찍 시작한다.

아이들 역시 하루하루를 생선 발라 먹는 일처럼 살기를 바랐다. 딸아이가 생선을 대충 먹으면 큰일이라도 난 것처럼 야단이었다. 섭취해야 할 영양소가 머리와 꼬리에 더 많이 들어 있을 것 같아 조바심을 냈다. 행여 놓치는 것이 있을까 두 달을 걷어붙이고 생선을 발라 입에 넣어주려고 애썼다. 그러다보니 힘이 들었다.

하루만이라도 아무 일에도 신경 쓰지 않고 혼자 지내봤으면 했는데 갑자기 빈 하루가 내 앞에 놓였다. 아이는 여행을 가고 남편은 출장을 갔다. 나에게 주어진 오늘을 어떻게 요리할까 궁리가 많았다. 부엌에 들어갈 일도 없고 집을 흩트려놓을 사람도 없다는 사실이 마음에 여유를 주었다. 아침으로 커피와 빵을 먹고 오전 나절을 길게 보내고 점심때가 되었다.

가자미를 구워 점심을 차렸다. 가자미 살이 나의 하루처럼 투명했다. 커피에 부대껴 쓰린 속을 달래기엔 그만인 밥상이다. 나물 한 번, 샐러드 한 번, 가자미를 먹을 차례인데 젓가락이 쉬 가지 않았다. 다른 반찬만 연속 먹었다. 가자미에 젓가락을 대지 못하고 밥을 다 먹고 말았다.

젓가락을 내려놓고 손으로 가자미를 먹기 시작했다. 머리부터 꼬리까지 어떻게 하면 잘 발라 먹을 것인가 그것이 문제였다. 살이 도톰한 가운데 부분은 먹을 만했다. 아가미에 붙은 종잇장 같은 살을 발랐다. 그러고는 머리를 이리저리 뒤집어 보았다. 생선머리와 꼬리의 살 바르는 일은 만만치 않았다.

접시에 적당히 살을 발라먹은 가자미가 널브러져 있다. 잠시 이대로 던져 버릴까 갈등했다. 왜 나는 생선을 잘 발라 먹지 못하는가. 생각을 가다듬고 다시 생선머리를 잡았다. 바르는 동안 입이 심심한 것을 참을 수 있을 만큼 머릿살은 쫀득하고 고소했다. 가자미는 가운데 살도 맛있지만 꼬리와 머리에 더 맛있는 살이 붙어 있었다.

생선꼬리처럼 쫀득하고 고소한 오후가 남았다. 낮잠도 자고 해질 녘 멍하게 앉아 서쪽 하늘도 바라보리라. 가자미 한 마리를 혼자 차지하고 발라 먹어보기는 참 특별하고 귀한 일이다.

미미의 집

민생을 해결해 주겠다는 말을 귀가 따갑도록 듣는다. 정확히 어떤 민생을 말하는지는 모르겠으나 지금은 생활과 생계를 책임져 주지 않아도 괜찮을 듯하다. 아이들도 컸고 남편도 직장을 잘 다니고 있다. 시골로 이사를 와서 웬만한 반찬거리는 직접 심어 먹는다. 일반 국민의 생활 또는 생계를 해결해 준다는 뜻인데 내가 어려울 때, 그때에 그랬다면 얼마나 좋았을까 하는 생각을 해 본다.

아이가 미미 인형을 사 달라고 조를 때였다. 지금은 돈이 없으니 다음에 꼭 사 주겠다는 약속으로 손가락도 걸고 도장 찍고 복사까지 했다. 아이는 완구점 앞을 지날 때마다 '다음에 사주세요.' 했다.

미미 인형뿐만 아니라 갖고 싶은 게 생길 때마다 아이가 먼저 '다음에 사주세요.' 하고 넘어갔다.

그러다 어느 날 다시 한 번 미미 인형을 언제 사 줄 수 있는지 물었다. 곧 사줄 것이라는 답에 그럼 미미 옷이라도 먼저 사 달라고 졸랐다. 미미도 없는데 옷은 사서 뭐하느냐고 했더니 옆집에 놀러 갈 때 가지고 가서 친구 미미에게 한번 입혀보겠다는 것이었다. 그래도 미미를 먼저 사야지 옷을 먼저 사는 건 차례가 맞지 않다고 설득했다. 그런데 이번에는 아이가 쉽게 물러서지 않았다. 은행에 돈 받으러 가자고 졸랐다. 왜 엄마는 은행에 돈을 받으러 가지 않느냐는 것이었다.

은행에 돈을 받으러 갈 수 있으면 얼마나 좋을까. 은행에서 받아 간 돈 내놓으라고 잡으러 오지는 않을까 걱정하던 때였다. 친정아버지 이름으로 빚을 얻어 아파트를 사는 바람에 한 달 한 달 허덕이면서 살았다. 한 달이라도 어긋나면 다시 셋집으로 밀려나지는 않을까, 아버지까지 곤란을 겪지는 않을까 불안했다. 이사를 여러 번 다녔기 때문에 이사 걱정에서라도 벗어나고 싶었다. 마음의 여유가 없어서인지 아이에게도 무조건 기다리라고만 했다. 결국 아이의 미미 인형 때문에 궁여지책으로 부업을 찾아 나섰다.

모직 카디건을 가지고 와서 앞자락에 장미수를 놓아 다시 가져다주는 일이었다. 털실로 짠 옷이라 부피가 보통이 아니었다. 수놓기는 재미있는데 가져오고 가져다주는 일이 힘들었다. 또 수를 놓다가 남편 퇴근 시간이 되면 보자기를 숨겨야 했다. 경상도 남자 특유의 자존심인지 처자식이 궁핍하게 구는 걸 못 견뎌했다.

부업을 주는 집에서 한 달에 한 번 계산을 해 주었다. 적어둔 수첩을 가지고 가서 돈을 받았다. 팔천 원이었다. 그런데 하필 그날이 토요일이었고 남편이 시댁에 갈 준비를 해놓으라고 한 날이었다. 시어머니께서 늘 하시는 말씀이 어른이 계시는 집에 올 때는 아무리 돈이 없어도 고기와 술과 과일을 꼭 들고 오라 하셨다. 차비가 없으면 받아 가더라도 그렇게 하라는 당부를 들은 지 얼마 지나지 않은 때였다.

다시 수를 놓았다. 수첩에 숫자가 채워지고 있던 중 남편이 기쁜

소식을 가지고 왔다. 직장에서 장기주택자금을 빌려준다는 것이었다. 올림픽이 열리는 전후해 호황기를 맞아 아파트 값도 올랐다. 그 무렵 뱃속에 둘째 아이가 자라고 있었다. 내 생애 가장 안정된 시기를 꼽으라면 그때다. 친정 엄마는 둘째가 복을 가져온 것이라 했다.

미미 인형은 그해 크리스마스에 산타할아버지가 가져다주었다. 미미의 집까지 같이 가지고 왔다. 이미 옷을 몇 벌 장만해 놓았던 터라 미미의 집은 금방 오래된 집처럼 꾸며졌다. 다음해에는 미미의 부엌까지 장만했다. 미미의 살림은 점점 늘어갔다.

미미의 집을 사 줄 것처럼 외치는 사람이 많은 요즈음, 미미의 살림이 안정되는 동안 겪은 어려움을 생각하면 격세지감을 느낀다.

참다운 친구

근래에 들어 만난 특별한 친구가 있다. 내가 알게 된 새 친구를 다른 사람들도 이미 많이들 알고 있을 게다. 그래서 자랑하진 않을 생각이다. 그동안 만난 좋은 인연들을 자랑하는 바람에 그저 평범해져 버린 게 한둘이 아니다. 나를 더 인간적이게 하는 새 친구를 이번엔 조용히 나만, 적당한 거리를 두고 지내려 한다. 가깝지도 멀지도 않아야 도를 넘지 않는다.

이 친구를 만나면 얼씨구, 지화자 기분이 좋아진다. 그럴 때면 뭐 꼭 내가 아침저녁 밥을 지어야 하나, 글을 써야 하나, 꼭 허벅지 살을 빼야 하나, 남편이 돈을 잘 벌어야 하나, 애들이 내 말을 잘

들어야 하나, 하는 생각이 든다.

 이 친구와 있으면 앞집 개가 대문 앞에 똥을 싸놓았던 일, 건너편 펜션에서 확성기에 대고 하느님을 부르며 여름밤을 어지럽혔던 일, 모두 봐줄 만하다. 이해 못 할 일은 세상에 없다. 어떤 것도 담담히 받아들일 수 있다.

 술에 물 탄 듯 물에 술 탄 듯 재미가 없는 날도 이 친구가 있으면 기분이 전환된다. 별 밤이, 달밤이, 봄날이, 가을날이, 길가의 꽃 한 송이가, 가장 가까이 있는 한 사람이 고맙고, 온통 소중한 것들이 나를 에워싸고 있다는 사실을 자각하게 된다.

 대화의 자리에 이 친구가 있으면 제법 진지해진다. 목을 부드럽게 풀어주어 생각을 말이 되게 해준다. 세속적 대화보다는 인생이며 아주 근원적인 이야기를 할 수 있어 좋다. 별은 따는 것이 아니라 바라볼 때 아름답다는 것을 인정하게 한다. 긴 손보다는 밝은 눈을 가졌음에 감사하게 된다. 이성보다는 감성의 지배를 받으니 속 깊은 이야기가 나온다. 마주 앉은 사람과 교감이 이루어진다. 말초적 즐거움이 없어도 행복하다.

이 친구는 나를 깊이 들여다보게 한다. 안돼요, 아니요, 없다, 적다, 이런 부정적 말보다는 좋아요, 맞아요, 많아요, 기뻐요, 이런 긍정적 말만 술술 나오는 자신과 마주한다. 영혼을 살지게 하는 마력을 가졌다. 통장에 잔액이 없어도 넉넉하다. 꽃밭에 핀 꽃만으로도 족하다.

처음부터 잘 맞는 사람, 시간이 지나면서 우려진 감처럼 달곰한 사람, 난 그 여러 인연을 소홀히 대하거나 과한 정성으로 그저 평범한 인연으로 만들어 버린 적이 더러 있다. 이제는 아끼고 싶다. 오래 좋은 친구로 남겨두고자 한다. 인간적이고 싶을 때 찾으면 솔직하게 다가오는 너. 욕심 부리지 않고 비로소 나를 나답게 내보일 용기를 주는 친구를 알게 되어 좋다.

이 친구를 알고 있는 많은 사람은 나쁘다 좋다 의견이 분분하지만 나는 좋은 친구라고 말하고 싶다. 서쪽에서 보면 동산이고 동쪽에서 보면 서산이 되는 이치처럼 동산이다 서산이다 하는 것은 서 있는 위치에 따라 다를 뿐이다. 내가 좋으면 상대도 좋기 마련이다.

내가 나쁘게 대하면 상대도 나쁘게 대할 수밖에 없다.

  영혼을 울리는 가을이 오는 것이 두렵지 않다. 막연한 그리움, 서글픔, 고독감 그런 것의 정체를 밝혀내려 하지 않고 그저 묵묵히 위로만 되어 주는 부드러운 친구가 있으니. 이 친구를 몰랐다면 고독했을 것이고 목이 더 말랐을 것이다. 나를 보이게도 해주고 나를 지우게도 해주니 어찌 참다운 친구라 아니할 수 있을까.

  도파민 수치를 높여 기분을 좋게 하고 뇌하수체에서 엔도르핀이 나오게 하는 알코올, 지금 내게 참다운 친구는 술이다. 평화롭고 편안하고 순수하고 밝고 훈훈한 기운에 들게 하는 계절. 촉촉한 상태로 저만치 다가 온 가을을 맞고 싶다.

두드러기

자극에 반응을 보이는 정도는 사람마다 다르다. 사람이 덜 되어서 그런지 나는 같은 자극에도 다른 사람보다 반응을 보이는 정도가 심하다. 속내가 겉으로 드러나 곤란을 겪기도 한다. 특정 음식에 대한 거부 반응으로 나타나는 두드러기는 오래전 극복하였는데, 마음에 나타나는 두드러기는 숨길 수가 없다. 하루 빨리 극복하기 위해 마음을 다잡는다.

어릴 때부터 티가 잘 났다. 일 년에 고작 너덧 번 먹는 고기였는데도 그때마다 티를 냈다. 말을 하거나 냄새를 풍기지 않아도 감출 수가 없었다. 가족들도 친구들도 아무렇지 않은데 나만 혼자 티를

냈다. 두드러기로 영락없이 들통이 났다. 먹지 않으면 되련만 고기를 대할 기회가 적으니 그러지를 못했다.

마을에서 명절 앞에 돼지를 잡았다. 잔치가 있는 집에서도 돼지를 잡았다. 아버지가 늘 그런 일을 거들었고 돌아올 땐 고기 한 덩어리를 새끼로 묶어 들고 오셨다. 그때마다 고기를 먹었고 두드러기가 났다. 엄마가 기름기 없는 부분만 떼어 입에 넣어 주어도 마찬가지였다.

또 할머니가 잔칫집에 다녀오시는 날도 두드러기가 났다. 할머니는 손수건에 절편과 찰떡과 생선 찐 것과 돼지고기 삶은 것들을 싸왔다. 떡을 먹으려고 손수건을 펼쳐놓고는 어느새 고기 한 점을 꿀꺽 삼켰다. 쫄깃쫄깃한 고기 맛을 포기하기란 쉽지 않았다. 양지쪽에서 놀다보면 등이나 팔에 두드러기가 솟았다.

한번은 계곡으로 나들이를 갔다. 양지 바른 곳에 자리를 잡았다. 다른 음식도 많은데 그날따라 유난히 고기가 당겼다. 아이들과 고운 단풍잎도 모으고 풀싸움도 하면서 재잘거리고 노는데 등이 뻣뻣하게 느껴졌다. 늦가을 햇볕을 쬔 등에 온통 두드러기가 났다.

그때가 마지막이었다. 면역이 생긴 듯했다. 결혼해서 아이들 키우고 집안일에 치여 살다보니 어느새 의식하지 않게 되었다. 어릴 때부터 음식을 가렸는데 그 버릇도 덩달아 없어졌다. 무엇이든 맛있게 먹었다. 기름기 많은 고기를 먹어도 아무런 티가 나지 않았다. 이제 사람이 되었나 싶었다.

두드러기의 원인은 여러 가지다. 음식에 대한 거부 반응으로 나타날 수도 있고, 외부자극에 의해서도 나타난다. 스트레스 때문에도 두드러기가 나타난다니 이유도 다양하다. 그중 내게 해당하는 건 특정 음식에 대한 거부반응이었다.

음식에 의한 두드러기는 극복했는데 뜻밖에도 이번에는 마음에 두드러기가 나타났다. 티를 내지 않으려고 했는데 얼굴이 굳어지고 안색이 변했다. 금방 가라앉기는 했으나 감출 수가 없었다. 그날의 두드러기는 모임에서 만난 한 사람이 내 얼굴을 유심히 들여다보면서 한 말에 대한 거부반응이었다.

"얼굴이 곱네요."

말인즉슨 곱게 보인다는 것이었다. 그전에는 얼굴에 주름이 많은 이유를 몰랐는데, 농사를 짓는다는 사실을 알고 나니 도리어 곱게 보인다는 결론이었다. 농사를 짓지 않는다는 말을 하기도 전에 요새는 무슨 농사를 짓느냐고 물어왔다. 농사를 짓기는 짓는다. 그 사람이 집에 들렀을 때 마당가에서 상추를 뜯어 주었고 지금은 배추 몇 포기를 가꾸고 있다.

"네, 별 농사는 안 지어요. 배추 조금요."

내 사정을 모르는 사람이다. 농사를 짓는지 안 짓는지 나이가 어느 정도인지 정확히 모른다. 같은 모임의 한 사람으로 몇 번 보았을 뿐이다. 두드러기가 나면서도 고기 먹는 것을 그만둘 수가 없었던 것처럼 듣기 거북한 말을 들으면서도 사람과의 인연은 그만둘 수가 없다.

  자극에 의한 반응은 사람마다 다르고 그것을 이겨내는 방법 또한 다르다. 두드러기가 난다고 고기를 먹지 않았다면 결국은 고기를 먹지 못하는 사람이 되고 말았을 것이다. 고기를 자꾸 먹어 면역이 생긴 것처럼 마음의 두드러기도 곧 면역이 생길 것이다. 충언이든 아니든 남이 해 주는 말이 고기처럼 살이 되고 피가 되기는 마찬가지다.

콩나물시루에서
물 떨어지는 소리

누구나 뜻밖의 질문에 당황할 때가 있다. 묻는 말을 빨리 알아듣지 못해 생각을 정리할 틈이 없을 수도 있고, 실제로 묻는 의도를 파악하지 못하기도 한다. 대권을 노리는 한 후보자가 토론회에서 사회자가 자신을 한 단어로 표현해 달라고 했는데 질문을 알아듣지 못해 머뭇거리다 말았다는 기사를 읽었다.

묻는 말에 즉답이 나와야 대권 후보가 될 자격이 있는지는 모르겠다. 사회자가 질문을 한 것을 보면 그 정도 재치와 자신에 대한 정리는 되어 있어야 하는가 보다 생각할 뿐. 정치인이나 연예인같이 사회적으로 영향을 미치는 사람이라면 대답할 만한 뭔가는 있어야 마땅할 것 같기도 하다.

자신을 한마디로 표현할 수 있는 사람은 얼마나 될까. 내가 이와 비슷한 질문을 받았다면 어땠을까. 신문을 펼친 채 한참을 생각해봐도 나 역시 마땅한 한 단어가 떠오르지 않는다. 이런 비슷한 질문 앞에 말문이 막혔던 때가 언젠가 또 있었다. 좋아하는 음식이 무엇이냐, 좋아하는 과일이 무엇이냐, 좋아하는 음악이 무엇이냐, 그런 구체적인 질문을 받았을 때도 답을 못했다. 답이 있다면 그것을 종합해서 자신을 한 단어로 표현할 수 있지 않을까. 그래서 좋아하는 것들이 무엇인지 지금이라도 정리를 해두어야겠다. 대권 후보가 되려는 것은 아니지만 누구나 자기 색깔이 분명하면 좋을 것이다.

좋아하는 무엇은 어릴 때 접했던 것과 관계가 깊다. 어릴 때 접한다는 것은 주로 엄마를 통해서다. 지금이야 정보를 얻는 통로가 넘쳐나지만 그때는 가족 안에서 그것도 엄마를 통해서였다. 지금도 엄마로부터 알게 된 것들을 기억하고 그리워한다. 내 아이들도 나만큼 구체적이진 않지만 내가 좋아하는 것들을 대체로 좋아한다. 아이들이 나만큼이 아닌 것은 정보가 너무 많은 탓이다.

나는 알싸한 맛의 우렁쉥이를 좋아한다. 엄마가 게를 많이 팠을 때 장에 가서 사오는 유일한 것이었다. 또 열무 삼십 단을 이고 장에 간 날 사 온 복숭아는 내가 제일 좋아하는 과일이다. 봄에는 민물과 바닷물이 만나는 강에서 참게를 잡아서 팔았고, 여름에는 콩밭고랑에 열무를 심어 장에 내다 팔았다. 그 맛을 잊을 수가 없다.

그래서 좋아하는 과일은 복숭아가 되었고 좋아하는 음식은 우렁 쉥이라고 말할 수 있다. 그렇다면 좋아하는 노래는 무엇일까. 아무리 생각해봐도 대답할 만한 노래가 떠오르지 않는다. 어릴 때 접했던 노래라고 해봐야 엄마가 부르던 나훈아의 노래뿐이다. 엄마의 곗날이 다가오면 호롱불 아래서 〈물레방아 도는데〉라는 노래가사를 받아 적었던 기억밖에 없다. 소풍가서 불렀던 〈바다가 육지라면〉도 그렇고 음악 실기시험 보느라 벌벌 떨면서 불렀던 〈그네〉, 〈선구자〉, 〈비목〉 같은 것 중에 하나를 말하기는 싫다. 음악다방 디제이박스에 밀어 넣었던 쪽지에 〈당신은 나의 태양〉이라는 팝송은 그런 사람이 있지도 않을 때라 큰 의미가 없다.

아이들 음악교육을 위해 클래식 CD를 할부로 사들였으면서도 베토벤, 모차르트 음악 어느 것 하나 선뜻 입에서 나오지를 않는다. 분명 품위 있는 음악이기는 하나 그것을 정말 잘 알고 있는지 확신이 서지 않기 때문이다. 내가 아는 클래식 음악을 모조리 떠올려보아도 딱 하나를 집기가 어렵다. 얼마 전 어느 피아니스트의 연주회장에서 들은 쇼팽 음악을 어릴 때 접했다면 아마 그것을 꼽기에 주저함이 없었을 것이다. 감동받은 감정을 새겨 넣은 지가 얼마 안 되었는데 넙죽 그것이라는 말이 나오지 않는다. 음악은 좀 더 두고 생각을 정리해봐야겠다. 신문을 덮고 라디오를 켰다. 주파수를 클래식방송에 맞추었다.

어릴 때도 분명히 라디오는 있었는데 유행가만 기억난다. 지금 흘러나오는 엘가의 〈사랑의 인사〉 같은 걸 그때 들었더라면 음악에 대한 귀가 좀 더 일찍 열렸을 텐데. 무라카미 하루키의 ≪1Q84≫ 같은 소설을 그때 읽었더라면 야나체크 음악을 찾아서 들어보았을 텐데. 그나마 지금이라도 클래식 음악을 좀 듣게 된 밑바탕은 그 소리 때문일지도 모른다.

그 소리는 콩나물시루에서 물 떨어지는 소리다. 그 음악은 3악장으로 연주되었다. 1악장은 짧았고 2악장은 웅장했다. 2악장은 덧붓는 물의 양에 따라 아주 리드미컬한 음악이 되었다. 3악장은 쫄쫄쫄 떨어지다 결국 똑, 똑, 똑 방울로 떨어지면서 연주가 끝난다. 그 소리에서 많은 영향을 받았다.

명절이나 제사를 앞두고 콩나물을 길렀다. 무싯날도 더러 콩나물을 길렀다. 콩을 물에 불려 무명수건을 덮어두면 움이 터 꼬리가 나온다. 꼭 올챙이 꼬리 같다. 꼬리가 나온 콩을 시루에 안치고 물을 반쯤 채운 자배기 위에 와이 자 모양의 쳇다리를 걸치고 올려놓는다. 그리고 빛이 들어가지 않도록 검은 천을 씌운다. 쳇다리 끝에 작은 바가지를 엎어두고 들며나며 물을 준다. 물을 많이 주면 콩나물이 썩어버리고 물을 적게 주면 잔발이 난다. 그 정도를 잘 아는 엄마가 콩나물시루에 물을 줄 때마다 들었던 소리다.

학교에서 돌아오면 빈집일 때가 많았다. 빈집에 들어서면 팽팽한 긴장감이 돌고 슬펐다. 그런데 가끔 콩나물시루에서 물 떨어지는 소리가 나고 있을 때가 있었다. 마무리가 되고 있는 3악장이어도 위로가 되었다. 엄마가 밭으로 나간 지 얼마 안 되었다는 뜻이기 때문이다. 엄마의 체취를 느끼게 해주었던 콩나물시루에서 물 떨어지는 소리. 세상의 어떤 음악이 이보다 아름답고 위안을 줄 수 있을까.

봄날의 콩나물시루에서 떨어지는 물소리는 성동감이 넘쳤다. 여름에는 잠깐 더위를 잊게 할 만큼 시원하게 들렸다. 가을에는 애달프고 구슬펐다. 긴 겨울밤에는 아침을 마중하는 반가운 소리였다.

긴긴 겨울 밤, 잠이 깼을 때 콩나물시루에서 쿨 떨어지는 소리가 들려왔던, 그 안도감을 정확히 기억하고 있다. 아무 소리도 나지 않는 밤중에 잠이 깼을 때 느끼는 적막함과는 비교가 되지 않는 따뜻함이었다. 엄마도 잠이 깨어있다는 증거이기도 했다. 잠이 들었더라도 깊은 잠이 아니라 내게 무슨 일이 일어나면 바로 달려올 수 있다는 뜻이기도 했다. 콩나물시루 주위에 남아있는 엄마의 체취만으로 뒷간 가는 것이 무섭지 않았다.

콩나물에 물을 주면 아래로 빠진다. 빠진 물을 일정 간격으로 다시 준다. 빠져버리는 것 같지만 콩나물은 그 물을 먹고 조금씩 자란다. 어느새 알맞은 콩나물이 된다. 부모의 가르침은 이와 같다. 엄마의 딸이 되어 엄마의 영역 안에서 형성된 내 세상이 좋을 뿐이다. 그렇다고 좋아하는 음악을 콩나물시루에서 물 떨어지는 소리라고 할 수는 없다. 우렁쉥이와 복숭아와 콩나물시루에서 물 떨어지는 소리를 좋아하는 나는 누구일까. 물로 콩나물을 키우듯 사랑으로 자식을 키운 엄마. 나도 그냥 엄마다.

대권 후보가 되려는 사람이 뜻밖의 질문에 일격을 당했다니 좀 안됐다. 나는 공개적으로 망신당할 일 없으니 좋다. 그냥 흘러서 그 자리까지 온 것이 아니라면 지금쯤 자기를 표현할 한 단어를 찾지 않았을까 생각해 본다.

라면은 짜

오늘도 조리대 한편에는 라면 몇 개가 대기하고 있다. 라면은 나에게도 남편에게도 첫사랑 같은 것이다. 첫사랑의 추억을 꺼내보듯 가끔 라면에 얽힌 추억을 꺼내본다.

하루 세끼 중 아침에만 쌀이 섞인 밥을 먹고 점심과 저녁은 꽁보리밥을 먹던 시절이었다. 부엌 천장에 보리쌀 바구니가 걸려 있었다. 삶은 보리쌀에 물을 붓고 다시 끓이면 밥이 되었다. 보리쌀이 상하지 않도록 대바구니에 담아 천장의 고리에 걸어 보관했는데 가끔 엄마가 그 속에 라면을 숨겨두었다.

그날도 라면 숨겨놓은 사실을 알게 되었다. 보리밥보다 맛있는

라면의 유혹을 뿌리칠 수가 없었다. 보리쌀 바구니 밑에서 궁리에 궁리를 하다가 방에 있는 엄마의 재봉틀 의자를 들고 나왔다. 집에는 아무도 없었다. 조심조심 바구니를 내렸다.

　봉지를 뜯고 라면 한 귀퉁이를 부셨다. 겨우 한 귀퉁이를 잘라 먹고 뒷일 걱정으로 입맛이 싹 가시었다. 엄마의 불호령을 최소화시킬 방법을 찾다가 아이디어 하나가 떠올랐다. 부지깽이를 달구어 라면봉지를 다렸다. 쭈글쭈글하게나마 봉지가 붙었다. 보리쌀

바구니를 제자리에 걸어두고 입을 닦았다.

집에서는 라면에 대한 원을 풀지 못하고 자취생활이 시작되었다. 틈만 나면 라면을 먹었다. 주식으로는 삶아서 먹고 간식으로 생라면을 먹었다. 생활비의 상당부분이 라면 값으로 날아갔다. 그 덕에 몸매는 불은 라면처럼 통통했다.

스물다섯이 되었을 때 동네 어른들이 통통한 나를 서로 중매하겠다고 나섰다. 그즈음 나보다 라면을 더 좋아하는 남자와 연애가 시작되었다. 그 남자와 돈가스를 먹으러 다니면서 서서히 라면하고는 거리가 멀어졌다.

돈가스를 먹고 후식이 나왔을 때 그 남자가 라면에 대한 추억하나를 들려주었다. 그렇게 맛없는 라면을 어떻게 좋아할 수 있는지 이해가 가지 않는다는 표정으로 듣고만 있었다. 라면에 얽힌 그 이야기는 지금도 잊을만하면 듣는 레퍼토리다.

그는 한창 식욕이 왕성하던 고등학생 때 라면에 대한 원을 풀어볼 계획을 세웠다. 아무도 없는 날 한꺼번에 라면 다섯 개를 끓여 실컷 먹기로 했다. 상점에 들어가 주인아저씨와 눈이 마주친 순간 라면 다섯 개를 집을 수가 없었다. 그래서 세 개만 사서 나왔다. 그것을 가방에 숨기고 또 다른 가게로 가 두개를 더 샀다. 회심의 미소를 머금고 다섯 개의 라면을 다 끓여 실컷 먹어 보았다는 이야기였다.

지금도 남편은 야참으로, 일요일 메뉴로 또 등산을 할 때도 라면을 애용한다. 남편이 라면을 먹을 때마다 나는 짜다느니 기름지다느니 잔소리를 한다. 남편 또한 라면을 먹을 때마다 첫사랑이나 만나는 듯 내 눈치를 본다. 집안에 라면 냄새 퍼지는 걸 싫어하는 나를 배려한다며 버너를 들고 집 밖으로 나가 끓인다. 첫사랑을 몰래 만나는 것처럼 내 눈치를 보면서도 라면을 끓지 못하는 그. 하지만 나는 라면을 먹지 않는다. 한때 그렇게도 좋아했던 라면을 언젠가부터 멀리하게 되었다. 라면은 내게 너무 짜기 때문이다.

그럼에도 불구하고

　나도 가끔은 그런다. 굳이 운전대만 잡으면 손이나 팔이 햇볕에 타는 것이 걱정이다. 운전 전에 장갑을 끼든지 토시를 하든지 해야 하는데 꼭 맨손으로 운전대를 잡고야 그걸 생각한다. 그래서 운전 중에 장갑을 껴 보겠다고 요술 아닌 요술을 부린다. 아무리 애를 써도 차가 흔들리고 때로는 차선을 밟기도 한다. 이건 절대적인 비밀이었는데 아침의 그 남자 때문에 고백하는 것이다.

　그 남자는 왜 굳이 운전 중에 전화통화를 해야 했는지. 옆 차선으로 달리던 중형승용차가 내 옆으로 붙었다가 떨어졌다가를 반복했다. 차선을 넘어오기까지 했다. 뒤에서 그 꼴을 지켜보다 안 되겠다

싶어 앞질러 갔다. 지나가면서 도다리 눈을 하고 흘겨보았더니 전화기를 잡고 있었다. 자기 아내에게 어제저녁의 잘못을 빌고 있는지 몰골이 부스스했다.

그러게 좀 잘하지. 어제저녁 분명 늦게 집에 들어갔다가 사람대접 못 받고 부랴부랴 출근길에 나선 것이다. 어디 한두 번이라야지. 아들 녀석이 아빠 얼굴 못 본 지가 며칠째인지. 재활용분리 수거는 이 주째 그냥 지나갔다. 아내로 하여금 어린 아들 녀석에게서 한시도 눈을 떼지 않게 하려고 분리수거는 굳이 자기가 맡았다. 그랬으면 책임을 져야지.

그 책임감 없는 남자를 믿고 사는 딱 한 사람, 그 아내만 속이 탄다. 손이야 물에 퉁퉁 불어도 좋으니 아들 녀석 아빠 얼굴은 잊지 않게 해주어야지. 백날 회사 앞 삼겹살집에 앉아 있어봐야 누가 알아주기를 하나 눈치가 없다. 삼겹살집 주인의 음료수 선심에 자기를 칙사 대접이라도 하는 줄 알고 단골이 되었다. 수입 삼겹살은 아내가 사다 놓은 제주도 생삼겹살과는 비교가 안 된다는 걸 그 남자만 모른다.

그 눈치 없는 남자도 출근길에는 정신이 번쩍 든다. 정신을 차리고 보니 속도 쓰리고 마음도 쓰리다. 이렇게 살아서는 안 되겠다 싶어 굳이 운전 중에 전화기를 꺼내 아내에게 마음을 전한다. 어쩔 수 없었던 사정도 설명하고 오늘은 꼭 일찍 들어가겠다고 약속한다. 약속을 퇴근 시간까지 기억하려는지가 걱정이다.

퇴근 시간이 가까워져 멍하게 앉아있는 남자를 옆자리 동료가 툭 친다. 넋 놓는 이유를 굳이 생맥줏집에 가서 들어주겠다고. 찬 생맥주 한 잔만 들이켜면 쓰린 속이 확 뚫릴 것 같기는 하다. 그래, 딱 한 잔이면 그리 늦지는 않을 것이고 맥주 한잔에 아들 녀석 얼굴을 몰라보지는 않겠지. 그 남자, 집과 생맥주 사이에서 갈등하다 정신을 차리고 동료의 제의를 다음으로 미룬다.

밝을 때 집에 들어가는 게 얼마만인지. 놀이터에서 생기 넘치는 소리가 들린다. 아들 녀석이 놀다가 두고 갔는지 그네가 흔들거리고 있다. 어두운 데 있다가 나왔을 때처럼 눈이 부시어 잠깐 현기증을 느낀다.

아들 녀석이 혀짧은 소리로 인사한다. 엄마 치맛자락을 놓지 못하는 아들의 모습에 지난 시간을 되돌리고 싶다. 아이스크림 봉지를 아내에게 건네고 팔을 벌려 아들을 안는다. 술 냄새 때문에 코를 잡고 도망치던 아이가 어느새 부쩍 자랐다.

해거름에 주말 농장에 나갔다. 손바닥만 해도 자주 나가 돌보지 않으면 금방 풀이 무성해진다. 상추를 뜯고 있는데 한 번도 보이지 않던 옆 밭의 주인이 나왔다. 밭가에 세워둔 차, 바로 아침의 그 차다. 어떻게 된 건가. 구청에서 둔치 옆에 땅을 마련하여 주말농장을 분양했다.

나도 가끔은 그런다. 밖에 나앉아 밥 먹고 차 마시고, 상대방의 최신유행 버전의 흥부이야기에 리엑션을 크게 취하며 웃느라 열

평 텃밭을 잊어버린다. 그럼에도 불구하고 상추는 잘 자란다.
  비로소 편안한 저녁을 맞을 그 남자, 다시는 삶을 찾아 가정 밖에서 헤매지는 않겠지. 다시는 흔들리는 운전도 하지 않을 것이다. 오랜만에 텔레비전 앞에 나란히 앉아 아이스크림을 먹고 있을 그 남자의 가족을 그려본다.

달달한 날

　작은아이가 일본대사관에 볼 일이 있어 같이 나섰다. 아침 일찍 서둘렀는데도 차가 막혀 도착시간이 늦어졌다. 지하철에서 내려 뛰다가 어느 지점에서 훅 헤어졌다. 뛰기 시작할 때 각자 일보고 만나는 걸로 대충 이야기는 되어 있었다. 내가 따라 나선 건 딱히 볼일이 있었던 게 아니라 라섹수술로 눈이 불편한 아이를 보호하기 위해서였다.
　서울은 집중호우가 막 그친 후라 여기저기 물바다였다. 더위가 숨을 조였다. 옷이 징징 감기고 살갗이 끈끈해 걷기가 힘들었다. 한쪽으로 비켜서서 겉옷을 벗었다. 민소매 원피스만 입고 거리를 활보하기는 팔뚝이 굵었으나 어쩔 수 없었다. 서울거리의 미관을 좀 해쳐도 내가 살고 보아야 했다.

인사동거리에는 가슴이나 등을 시원하게 드러낸 사람들이 많았다. 그들의 대열에 섞여들어 여기저기 기웃거리며 시간을 보냈다. 뭉쳐놓은 솜 같은 과자를 파는 가게 앞에 섰다. 우리의 전통과자 타래라는 것인데 구미가 당겨 일본 관광객들 줄 끝에 서볼까 해서였다. 기다리기가 뭐해 잠깐 섰다가 돌아서는데 등이 허전해 신경을 집중해보았다.

아차, 아침에 급히 나오느라 민소매원피스 지퍼를 반만 올렸던 것. 이미 볼 사람은 다 보았는지 내 등에 꽂힌 눈은 없었다. 그때서야 벽 쪽으로 붙어 게걸음을 걸었다. 아직 문을 열지 않은 가게 앞에서 등을 돌리고 지퍼를 올려보려는데 그게 쉽지가 않았다. 그렇잖아도 더운데 애를 쓰다 보니 그야말로 숨넘어가기 직전이었다.

땀으로 범벅이 된 채 냉방을 하고 있는 집을 찾기 시작했다. 아무 것도 눈에 들어오지 않았다. 인사동에서 삼청동으로 올라가다 아이를 기다려 밥과 차를 해결할 수 있고 더위도 피할 수 있는 집을 발견했다. 널찍해보여서 들어갔는데 내가 첫 손님이었다. 마냥 앉아서 단정한 직원의 눈길을 피할 재간이 없어 우선 마카롱 한 곽을 주문했다.

개업선물이라며 초콜릿을 주었다. 차 마실 때 한 개씩 아껴먹을 마카롱과 서울 다녀온 선물이라며 큰아이에게 내놓을 초콜릿을 앞에 놓고 앉아 있으니 기분이 점점 달달해졌다. 비로소 어느 화가가 사라져가는 서울의 골목을 그렸다는 그림들이 눈에 들어왔다. 화가와 전시공간을 마련한 주인, 시대를 이끄는 사람들을 만난 것 같아 기분은 더욱 달달했다.

그 정도의 주인이라면 좀 오래 자리를 차지하고 앉아있어도 괜찮을 듯해 마음이 편했다. 아이와 먹을 점심메뉴를 골라놓고 테이블 아래 비치된 잡지를 뒤적였다.

늦어서 걱정했던 일을 무사히 마친 아이와 점심을 먹고도 바깥이 얼마나 더울지를 까맣게 잊어버릴 때까지 앉아 있다가 일어섰다. 살갗이 얼음처럼 찼다. 그 기운으로 더위를 뚫고 집으로 돌아왔다. 역시 쓴맛 후에 단맛은 더욱 달고, 단맛 후의 쓴맛은 덜하다는 이치를 깨달은 날이었다.

잭

꽃이 피고 계절이 바뀌는 것도 어떤 힘에 의한 순환이다. 그 어떤 힘이 있어 세상은 균형을 잡고 돌아간다. 어떤 힘이라는 것은 누군가의 희생이고 사랑이 아닌가 생각한다.

집 뒤 산 쪽으로 벚나무가 있다. 산 밑이라 계절이 늦다. 올해도 느릿느릿 꽃이 피었다. 그래도 그게 어디인가. 핀 것만으로 대견하다. 벚꽃이 피면 그 아래 작은집과 어우러져 그림이 된다.

봄 그림이 완성되면 집주인이 막걸리를 가져와 주변 사람들을 불러 모은다. 이제는 부르지 않아도 하나둘 모여든다. 올해도 때맞춰 주인이 나타났다. 여느 해처럼 문기 이장님도 올라왔는데 손에 잭(jack)을 들었다. 집주인이 도움 청한 일이 있는 모양이었다.

다섯 평 정도의 집인데 땅이 풀리면서 약간 기운 듯했다. 집을 그곳에 가져다 놓은 지 여러 해가 지나 한번은 수평을 잡아야겠다고 주인의 설명이 따랐다. 그 집을 들어올리기 위해 가져온 장비였다.

잭으로 자동차를 들어 올리는 것은 보았지만 집을 들어 올릴 수 있다는 것이 신기했다. 먼저 많이 기운 쪽을 찾아 판판한 돌을 놓고 작업대를 만들었다. 잭을 고정시키고 천천히 손잡이를 돌리자 집이 움직이기 시작했다. 이내 한 뼘이나 올라갔다. 잭이 집을 받치고 있는 동안 땅을 고르고 고임돌을 집어넣었다. 그 작업이 생각보다 느려 애가 달았다. 잭이 주저앉을까 부러질까 조마조마했다.

그렇게 이쪽저쪽 작업을 해나갔다. 이장님은 돌을 여러 번 넣었다 뺐다 하며 느릿느릿 수평 자의 물방울을 확인했다. 삐걱빼각 앓는 소리를 내면서 집을 들어 올리는 잭이 안쓰러웠다. 마치 아이가 자기 몸집의 몇 배나 되는 짐을 진 모습을 보는 것 같이 안타까웠다. 잭은 숙명으로 받아들이는 듯 의연하게 버텼다.

잭이 집을 들어올리기 시작할 때부터 경건한 마음이 되었다. 제 몸의 몇 십 배나 되는 집을 들어 올리는 것이 신기하기까지 했다. 이쪽저쪽을 옮겨 다니며 집을 들어올렸다. 처음에는 부서지는 소리에 가깝게 비명을 질렀으나 점차 안정을 찾아가며 균형도 잡혀갔다. 수평자의 물방울이 정중앙에 위치하자 작업은 마무리 되었다.

작업이 끝나자 모두 막걸리를 마시기 위해 들러앉았다. 그런데

막걸리보다는 돌 위에 둔 잭으로 자꾸 눈이 갔다. 온몸으로 집을 들어 올린 공을 치면 막걸리는 잭이 마셔야 할 것 같은데 구경이나 한 우리가 두릅나무 순 안주에 막걸리를 마신다.

월드컵 경기에서 선수가 골을 넣으면 우리가 신나서 맥주를 마시는 꼴이었다. 선수는 우리나라를 들어 올린 잭인 것이다. 그러고 보면 세상에는 수많은 잭이 있다. 집을 들어 올리는 잭이 있고, 나라를 들어 올리는 잭도 있고 세계를 들어 올리는 잭도 있다.

우리 집에도 언니라는 잭이 있었다. 동생들의 등록금무게에 눌려 내려앉은 집을 들어 올리느라 안간힘을 썼던 잭. 손에 물 마를 날이 없었고, 사시사철 흰 고무신을 신고 움직였다. 언니가 우리 집을 받치고 있는 동안 동생들이 하나 둘 고임돌이 되어 지금은 수평을 잘 잡고 있다. 언니는 자기가 한 일 같은 건 잊어버렸는지 그저 묵묵히 살고 있다.

휘날리는 벚꽃 잎이 떨어져 막걸릿잔에 내려앉아서 운치를 더하는 봄날, 세상의 수많은 잭들과 함께 건배!

2

인도의 꼬마
공책 한 권
그 약간의 탐욕
청담동 파마
신발끈
바늘겨레
모과 두 개
생명은
다행이야
장미의 계절

인도의 꼬마

풍요란 부족함의 부재를 뜻한다. 욕구가 충족된 상태를 가리키는 개념이다. 원하는 것이 무엇이냐에 따라 풍요롭기도 하고 부족할 수도 있다. 원하는 것이 적으면 풍요에 이르기가 쉽다. 원하는 것이 많아도 충족만 되면 풍요하다고 볼 수 있다.

큰아이가 첫 월급을 받는 날이었다. 자식이 돈을 번다는 사실이 많은 생각을 하게 했다. 대학원에 진학하기를 바랐는데 아이는 한사코 생각이 달랐다. 아직은 품에 두고 뒷바라지를 해 줘야 할 것 같은 책임을 내려놓을 수가 없었다.

첫 출근을 하고 여러 날이 지나도록 걱정했다. 행여 적성에 맞지 않다고 그만두지는 않을까. 직장에 폐 끼치는 일은 없을까. 동료와 잘 어울릴까. 시간만 낭비하는 건 아닐까. 그런 염려로 아침마다 출근하는 아이 뒤에 대고 말을 늘어놓았다. 그렇게 한 달이 지나 일한 대가를 받아왔다.

쉽게 돈에 대한 이야기를 꺼내지 못했다. 아이도 마찬가지였다. 처음에는 돈을 번다는 것보다는 한 달을 채울 수 있을까를 걱정했는데 월급날이 다가오자 생각이 많았다. 그러다 한 가지 염두에 두고 있던 의견을 꺼냈다. 일부를 정기적으로 자선단체에 기부할 것을 제안했다. 만약을 대비해 최소 단위로 할 것까지 말해주었다. 아이는 흔쾌히 동의했다.

직장과 가정에서 어느 정도 인정받는다는 느낌 때문인지 아이의 일상은 활기찼다. 시간이 지나면서 주위 사람들을 챙기는 여유와 여행의 자유로움까지 누렸다. 금전적 여유는 다른 모든 여유를 동반했다. 그렇다고 물질적인 것을 다 누린 후의 여유는 아니었다. 아이는 자신의 치장에 지출을 적게 하는 편이었다.

아이의 만족한 생활과는 달리 엄마인 나는 수시로 다른 소망을 떠올렸다. 공부를 더 해야 하지는 않을까. 안정적인 직장을 찾아봐야 하는 것은 아닌가. 학교 선생님이 되고자 했던 꿈을 접어두고 학원 선생님으로 만족해하는 아이가 고맙다가도 속도 없느냐는 말이 목구멍까지 차올랐다. 원하는 게 적어서 만족하는 아이와 많이 바라니 불만인 나. 어떤 차이가 있는 것일까.

그렇게 삼 년이 흘렀다. 아이의 수입이 늘어난 것을 알기라도 한 듯 기부금도 자연스럽게 늘어났다. 아이가 매달 기부할 것을 약속했을 때 대행단체에서 인도의 어떤 꼬마와 자매관계를 맺어 주었다. 소식지도 오고 꼬마가 직접 쓴 편지도 오는 것을 가끔 보았다. 딸아이의 책상 위에는 눈이 맑고 피부가 까만 꼬맹이의 사진이 있다. 딸아이가 느끼는 풍요로움의 반은 꼬맹이가 주는 것이리라 생각해 본다.

아이를 보면 적게 원해서 풍요하다는 걸 알 수 있다. 모든 것이 충족되어 풍요로울 수도 있지만 적게 원하면 풍요에 이르기 쉽다. 또 하나 풍요로울 수 있는 방법은 나누는 일이다. 콩 하나도 나누면 두 개가 되고 열 개가 된다. 나눔은 뺄셈 개념이 아니라 덧셈 개념이다. 나눔으로 기쁨과 감사라는 덤까지 얻으니 풍요롭지 않을 수가 없다.

신바람 나게 사는 아이를 보면서 이제는 아쉬운 마음은 내려놓으려 한다. 풍요로운 이 가을, 무르익은 오곡백과가 내 것이 아니라고 빈곤을 느낀다면 죄악이 아닐까 생각하면서.

공책 한 권

기록이 없으면 역사도 없다. 기록이 있어 내력을 알고 보존하게 된다. 국가나 가정이나 개인이나 마찬가지다. 뜻밖의 문헌이 발견되어 역사를 새로 쓰기도 하고, 사찰을 복원하기도 한다. 몇 백 년 전의 편지가 발견되어 그 시대상을 짐작해 보기도 한다.

친정집에서 오래된 공책이 나와 아버지의 젊은 시절을 그려보게 했다. 검은 색 두꺼운 판지로 껍데기를 만들었고 속지는 누런 종이로 되어 있었다. 세로로 길게 위에서 끈으로 맸다. 아버지가 우리에게도 똑같은 공책을 만들어 준 적이 있다. 학교어 들어가기 전까지는 아버지가 만들어 준 공책으로 한글 공부를 했다. 그때 아버지의 앉은뱅이책상 위에 공책이 여러 권 있었다. 한문과 한글로 된 아버지의 일기와 여러 가지 기록을 본 기억이 생생하다.

남해고속도로가 생기면서 집을 새로 지어 이사하는 바람에 일부 태우기도 했고 없어지기도 했다. 그런데 한 권의 일기장을 찾아낸 것이다. 아버지의 일기장은 설을 맞아 친정집에 모인 우리 형제들에게 새로운 사실과 많은 추억을 일깨워 주었다. 당시에는 기뻤거나 슬펐던 일들이 모두 아름다운 추억으로 되살아났다.

자식들이 아무도 몰랐던 것은 아버지가 결혼 후 한동안 서울에서 지냈다는 사실이었다. 취직을 하기 위해 엄마를 고향에 남겨둔 채였다. 서울에서 직장을 구하려고 애쓴 내용과 엄마를 그리워하는 마음을 애절하게 써 놓았다. 그때 아버지의 생활이 눈에 보이는 듯했다.

사촌형이 일자리를 구해 주기로 했는데, 약속을 지키지 않아 허탈해하는 심정이 적혀 있었고, 극장에서 영화를 보면서 답답한 나날을 보낸 내용이었다. 영화 감상문에는 배우를, 특히 여배우를 언급한 게 많았다. 젊은 시절의 아버지가 영화를 즐겨 본다는 사실은 알고 있었으나 서울에서 한동안 집중적으로 영화를 보았다는 걸 알게 되었다. 아버지의 풍부한 영화상식이 그 덕분이었다.

또 거리의 약장수를 쫓아 다닌 이야기도 자세히 적혀 있었는데, 목소리가 좋았다면 약장수를 따라 갈까 했었다는 내용이 재미있었다. 그 대목에서 우리 남매들은, 약장수 하면 떠오르는 부정적 가능성을 대며 집으로 돌아온 것이 잘되었다는 쪽과 그길로 들어섰으면 지금쯤 제약회사 사장이 되었고 우리는 강남에 살고 있을지도 모른다는 쪽으로 엇갈렸다.

그때 아버지가 집으로 돌아왔기 때문에 지금의 우리가 있는 것이다. 현재를 만족해하면서도 서울사람, 그것도 강남사람이 되지 못한 걸 아쉬워했다. 어찌 되었건 지금의 아버지 모습과는 거리가 멀다. 아버지는 서울에서 취직을 하지도 못했고 약장수도 되지 못했고 제약회사 사장도 되지 못했다. 조금은 부족하고 불편한 시골로 돌아왔기 때문에 아버지가 행복하지 않았을까 짐작해 본다. 아버지가 고향으로 돌아왔기에 우리 또한 아름답고 소중한 지금의 고향을 가슴에 안고 살아가게 된 것이다.

엄마가 아버지에 대한 원망을 하소연해도 우리 형제들은 아버지를 좋아한다. 학년이 바뀔 때마다 달력으로 책 껍데기를 하얗게 입혀 이름을 써 주었고, 저녁마다 연필을 깎아 필통에 키대로 줄을 세워 담아 주셨다. 생고구마로 새를 깎아 공작숙제를 도와 주셨고, 수수깡 안경도 만들어 씌워 주셨다. 아버지의 사랑은 물질적인 불편함을 상쇄하고도 남았다.

아버지의 공책으로 행복했던 어린 시절을 돌이켜보면서 어떤 종류든 기록의 소중함을 다시 한 번 느낀다.

집에 오래된 공책들을 담아둔 상자가 있다. 베껴 쓴 시 공책에서부터 육아일기, 가계부 같은 것들이다. 가끔 아이들이 어릴 때 썼던 일기장을 들춰보곤 했었는데 불현듯 그것들이 그립다.

그 약간의 탐욕

큰 여행 가방을 하나 샀다. 살림살이라는 것이 그렇듯 찾으면 마땅한 것이 없기 마련이라 눈에 띄는 것이 있을 때 준비해 두면 좋을 듯했다. 그래서일까. 가방 꾸릴 기회가 왔다.

여행에 필요한 짐을 한곳에 모았다. 보름간 지낼 물건들을 챙겨 보니 별것이 다 필요했다. 몇 번을 쌌다 풀었다 해서 그런지 멀쩡하던 가방이 떠나기 직전 고장이 나고 말았다. 새벽이라 난감했지만, 다행히 이웃집에서 가방을 빌릴 수 있었다. 가방 크기는 비슷했으나 짐이 다 들어가지 않았다. 신발 한 켤레를 뺐다. 이번 여행엔 옷차림 같은 건 신경 쓰지 않기로 했다.

빈(wien)에서 전달할 물건이 있었는데 그걸 전하고 나서는 가방에 여유가 생겼다. 그 여유가 여행 내 유지되었더라면 더 많은 것들을 담아 올 수 있었을 텐데, 이틀 만에 가방을 채우고 말았다. 면세점에 들른 게 문제였다. 왜 하필 그걸 샀어야 했는지 모르겠다. 실라간 압력솥. 돌 압력솥이었다. 동네 상가에서는 배달까지 해주는 그 솥을 빈까지 와서 사게 될 줄이야.

가방의 바퀴가 사방으로 돌아 웬만하면 끌 수 있을 줄 알았다. 그런데 남편이 휘청거렸다. 동네 가게보다 가격이 낮았다는 그 이유로는 변명이 되는 게 치사해 그냥 내 가방은 내가 들겠다며 받아들었다. 여행객이 아니라 짐꾼이 되었다. 서서는 끌 수가 없었다. 몸을 숙이고 있는 힘을 다해 끌어야만 했다. 남편이 돌아보면 바로 서고 앞서 가면 온몸으로 끌었다. 솥이 없어서 밥을 못해 먹느냐고 하면 눈물이 나고 말 테니 티 내지 말아야 했다.

긴 시간 기차를 탄 후에는 내리고 싶지 않을 정도였다. 다른 때 같으면 가벼운 가방을 내가 들면 되는데, 그럴 형편이 못 되었다. 혼자 저지른 일로 책임을 같이 지자는 것도 미안했다. 길을 찾고 확인하느라 앞장선 사람한테 돌덩이 같은 가방을 들게 하는 것도 무리였다. 예약된 기차나 비행기를 탄다는 게 단만한 일은 아니었다. 지금도 베른의 기차역 하면 압력솥을 버릴까 망설였던 기억이 먼저 난다.

밤기차로 베른에 갔다. 코인 라커룸에 가방을 넣었다. 대합실에서 세수를 하고 시장으로 갔다. 장이 서기를 기다리며 벤치에 앉아 아침 식사를 했다. 아침으로 먹고 남겨서 점심까지 먹을 양의 주먹밥과 과일을 들고 있었다. 장 구경을 하면서도 무거운 가방 걱정이 앞섰다. 한 끼 굶는다고 어떻게 되진 않겠지. 그 약간의 탐욕을 쓰레기통에 슬쩍 내려놓았다. 물리적으로는 가벼워졌으나 음식을 버린다는 죄스러움에 마음은 무거웠다.

마터호른에 오르기 위해 체르마트의 호텔에 짐을 풀었다. 보기만 해도 나를 누르는 압력솥을 옷 속에 묻어 두었다. 짐에서의 해방도 삼 일, 다시 가방을 꾸리는 게 문제였다. 짐 속의 탐욕 중에서 버릴 만한 것을 골라냈다. 빈에서 물건을 전해주고 받은 프랑스산 샴페인을 포기하기는 정말 아까웠다. 호텔 주인의 배려에 대한 답례의 선물로 사용했다. 그러고도 남은 기간과 집에 도착하는 순간까지 불편함을 감수해야 했다.

준비하면서의 수선스러움, 다녀와서 일상으로의 복귀가 낯섦을 감당하면서 여행하는 것은 비우고 채우고의 반복인 현실을 떠나 심리적 전환을 하기 위해서다. 그러기 위해서 떠난 여행이건만 결국 그 약간의 탐욕으로 일상의 연장이 되어버린 셈이다. 배낭 하나 짊어지고 단출하게 골든패스를 타고 싶었으나 짐꾼이 되어 버리게 한 압력솥. 지금도 그 압력솥은 그때 잘했다는 위안을 주지 못한다.

압력솥은 창고에 있다. 처음 얼마 동안 썼는데 작고 가볍고 성능 좋은 국산 압력솥에 밀렸다. 손목에 가해지는 무게를 견딜 만큼 음식이 맛있게 만들어지는 경험을 아직 하지 못했다. 언제나 작은 욕심이 문제다. 약간의 돈, 약간의 식욕, 약간의 멋. 그것 때문에 가장 좋아야 할 시점을 망쳐버리는 일들이 생기는 것이다. 놓쳐버린 중요한 시점들이 억울해 창고를 들여다본다. 고장 난 가방과 압력솥이 나란히 서 있다.

  가방을 들고 애프터서비스를 받으러 갔다. 가방을 받아든 점원이 확인 차 작동을 해보는데 척 열리고 척 닫히고 부드럽기 그지없었다. 떠나는 날 새벽 분명히 잠금장치가 말을 듣지 않았다. 그런데 지금은 왜 멀쩡한가. 고장이 나 있어야 하는 가방을 들고 이리저리 살펴보았다. 아무렇지도 않았다. 가방을 들고 쩔쩔매지를 않나, 멀쩡한 가방을 고장 난 줄 알지를 않나. 고쳐야 할 것은 가방이 결코 아니었다.

청담동 파마

다시는 파마를 하지 않겠다고 마음먹은 지 서너 달이 지났을 때다. 값은 변두리 미용실처럼 싸고 효과는 청담동 미용실과 같은 곳이 있다는 정보를 입수했다. 그것도 서울에 그런 미용실이 있다니 심 봉사도 아닌데 눈과 귀가 번쩍 뜨였다. 서울 사는 딸이 알아낸 정보라 쾌재를 불렀다. 그렇다면 다시 파마를 해보는 거다.

다음날 서울로 올라갔다. 지하철역에서 딸을 만나 미용실로 향했다. 아이는 면접용 머리를, 나는 청담동 귀부인 머리를 할 참이었다. 언덕을 올라 한 아파트단지 안에 있는 미용실로 들어섰다. 보조 미용사 한 명만 두고 모든 것을 주인이 알아서 하는 우리 동네 미용실과 좀 달랐다.

안내하는 사람이 따로 있고 미용사도 남녀 여러 명이었다. 검정색 옷을 맞추어 입고 명찰을 달았기 때문에 그들이 모두 미용사라는 것을 금방 알 수 있었다. 미용실은 동네 미용실의 세 개를 합쳐 놓은 것만큼 넓었고 의자 수도 거울 수도 그만큼 많았다.

안내원이 어느 선생님께 관리받고 싶으냐고 물었다. 그런 선생님은 없고 처음 왔으니 그냥 알아서 해달라고 했다. 여자 미용사도 많건만 하필 남자미용사가 내 곁으로 다가왔다. 남자 미용사라면 야리야리하고 물 찬 제비 같았으면 좋았으련만, 그 미용사는 소 장수로 걸맞을 것 같이 덩치가 컸다.

그래도 선생님 대접을 깍듯하게 했다. 파마를 마음에 들게 잘해 달라는 계산된 어투였는지도 모르겠다. 어떤 스타일을 원하느냐고 물어 '알아서 해주세요.'만 하지 않고 '선생님이 알아서 해주세요.' 하고 '선생님' 이란 호칭을 붙였다. 안내원이 어느 선생님을 원하느냐고 물었기 때문에 아저씨라고 할 수도 없고, 사장님이라고도 할 수 없는 노릇이었다.

다른 때 같으면 요구 사항을 이것저것 먼저 말했을 텐데 그러지 않았다. 내 머리카락은 굵고 뻣뻣해 까딱 잘못하면 사자머리가 되니 신경 써 달라느니, 손질하기 쉽게 해달라느니 그런 말도 하지 않았다. 여기는 서울이고 청담동 실력을 가진 미용사라고 했으니 믿고 맡겨야 할 것 같았다.

　대전에서 출발한 지 두어 시간 만에 서울의 미용실에 앉아 남자 미용사와 수다를 떨고 있는 내가 낯설게 느껴지지 않았다. 미용사는 나를 그냥 이 근처에 사는 사람이려니 하고 대했다. 나도 굳이 멀리 대전에서 왔다는 이야기는 하고 싶지 않았다. 대신 그동안 미용실을 전전했는데 이제는 정착하고 싶다는 말만 했다. 청담동 스타일로 자연스럽게 파마만 된다면 서울의 미용실로 못 옮길 것도 없었다.

　미용사는 나 같은 머리카락에 대한 특성을 잘 알고 있다는 듯 설명에 열을 올렸다. 머리카락을 앞으로 쏟아지지 않게 하려면 뒤로 향하게 파마를 말아야 하며 뿌리는 남겨두어야 한다고 했다. 듣고 보니 맞는 말이었다. 드디어 마음에 드는 미용실을 찾았구나 싶어 건너편에 앉은 아이를 향해 엄지손가락을 치켜세워 보였다. 거울 속으로 눈을 맞추었다.

파마를 말고 자리를 옮겨 열 기계 밑에 앉았다. 안내 직원이 불편한 것은 없느냐며 차 주문을 받았다. 차를 주문할 때도 청담동 수준의 미용실에 걸맞게 나름대로 교양 있게 말하고 행동했다. 차를 마시고 잡지를 뒤적이고 있는데 파마를 말아준 선생님이 다시 자리로 오라고 했다. 파마를 풀어야 할 시간이 지나도록 딴 일을 하는 미용사들만 보다가 정확히 시간을 지키는 미용사를 보니 그것도 마음에 들었다.

로트 한 개를 풀어 꼬불거리는 정도를 살펴보더니 딱 알맞게 되었다며 중화제를 발랐다. 청담동 수준의 미용실에서는 무엇이든 딱딱 맞아떨어졌다. 중화되자 파마를 풀고 머리를 감겨주었다. 남자 미용사라서 괜찮은 것 하나는 손아귀의 힘이었다. 꾹꾹 눌러 마사지를 해주니 근질근질하던 머릿속이 시원했다. 드라이기로 반쯤 말리고 영양제를 발라주면서 웨이브를 살리려면 약간 촉촉한 채 가만히 말리라고 했다.

다른 때 같으면 무슨 수사관처럼 어디가 잘못되어가고 있는지 찾느라 바빴을 텐데 이번에는 믿어보기로 했으니 조금 거슬리는 것은 그냥 넘겼다. 머리가 완전히 마르면 분명 청담동 스타일이 되어 있을 것이었다. 미소를 머금은 채 거울을 한 번 더 슬쩍 보았다. 명찰도 봐 두었다. 그리고 마무리 손질을 받고 있는 아이 곁으로 갔다. 아이 역시 나처럼 웃고 있었다. 우리는 산뜻한 기분으로 미용실에서 나왔다. 아이와 둘이 봉천동 길을 내려오면서 나는 말로만 들어본 청담동을 걷는 기분이 되었다. 마침 살랑살랑 봄바람까지 불어왔다.

아이의 면접용 옷을 사러 갔다. 아이가 옷을 입어보는 동안 옷집의 거울을 자꾸 보았다. 부스스한 모습이 맘에 걸렸으나 그야 생머리에서 파마했으니 당장은 어색한 게 당연하지 생각했다. 몇 번 손으로 꾹꾹 눌러 숨을 죽이기는 해도 서울에서 청담동 머리로 돌아다니는 기분은 괜찮았다.

저녁까지 먹고 대전으로 돌아왔다. 그날 밤에는 머리가 뒤집어지지 않게 하려고 조심하며 얌전히 잤다. 다음날 머리를 감고 손질을 하는데 뒤로 향하게 말았다는 머리가 뒤로 잘 넘어가지 않았다. 그 다음날 다시 머리를 감고 앞으로도 넘겨보고 뒤로도 넘겨보았다. 아무리 보아도 청담동 머리로 봐줄 수가 없었다. 실제로 청담동 머리가 어떤 것인지 알지는 못해도 이것은 아니지 싶었다.

삼 일째 되는 날, 내 모습을 사진으로 찍어 아이에게 보냈다. "머리 때문에 엄마가 광년이 같지 않니?"라는 글과 함께. 사람은 머리 때문에 인상이 달라지기도 하며 망친 머리는 긴 시간 삶에 영향을 끼친다는 걸 진즉 알았다. 그래서 다시는 파마를 하지 않으리라 다짐했었다. 아이에게서 광년이 같지 않다는 답이 왔으나 아무리 보아도 이건 아니라는 결론을 내리고 머리를 뒤로 잡아당겨 묶어

버렸다.

대전의 수많은 미용실을 전전하고도 내게 닿는 미용실을 찾지 못했는데 그게 서울이라고 있을 리가 있나. 파마 한번 잘못하면 복구하는 데 적어도 육 개월은 걸린다. 세상 일이 다 그렇다. 혹시나 하고 시작하는 일은 대개는 후회를 부른다.

이제는 정착했으면 좋으련만 내 미용실 전전은 언제까지 계속되려는지 알 수가 없다.

신발끈

시간을 넘기고 말았다. 돈을 보내지 않으면 예약이 취소된다. 당연히 예약이 취소되어야 한다. 아이는 일러준 시간이 지나자 바로 확인 전화를 했다. 아이에게 좀 더 알아볼 게 있으니 기다리라 했다. 다른 엄마들은 돈을 보냈는데, 왜 엄마만 더 알아보아야 하느냐고 물었다. 아이의 볼멘소리에도 끄떡하지 않고 도리어 설득에 나섰다. 알아볼 거면 지금 빨리 알아보고 돈을 보내 달라 했다. 일단은 전화를 끊었다.

아이가 적어준 쪽지에는 돈 액수와 계좌번호 그리고 '신발끈'이라는 이름이 적혀 있었다. 세상에 어떻게 신발끈이라는 이름이 있을 수 있는가. 천애의 고아라도 누가 이름을 발끈이라고 지어 주겠는가. 그런 이름을 가진 사람이 대학생들 배낭여행을 어떻게 책임져 주겠는가. 그런 이름으로 사기를 치다니. 그런 이름을 듣고도 돈을 보내다니. 정말 사람들 이상한 거 아닌가. 여름에 겨울 점퍼를 입었던 그 간첩만큼 의심스러웠다.

열 살 즈음에 다 잡은 간첩을 놓친 적이 있다. 그 일을 늘 아쉬워했는데 이번에는 사기꾼을 꼭 잡고 말겠다는 각오였다. 시간을 벌어놓고 집에 들어가 알아보려는 심산이었다. 밖에서 일을 보느라 자꾸 늦어졌다. 일을 보는 동안 혼자 별별 생각을 다 했다. 사기꾼이라는 걸 밝혀냈을 경우를 설정해놓고 혼자 웃기까지 했다.

분명히 간첩이었다. 선생님께서 수없이 일러준 그 인상착의였다. 여름에 긴소매 옷을 입었고 세수를 못해 얼굴은 꾀죄죄했다. 내가 뒤에 따라 갔는데 아무 반응을 보이지 않은 것만 보아도 분명했다. 그리고는 감쪽같이 숨어버린 걸 보면 선생님이 말씀하신 그 간첩이었다. 잠깐 한눈파는 사이 사라져버린 그 수상한 사람을 다시는 만나지 못해 내 어린 날이 조금 덜 행복했다.

신작로를 걷고 있는 수상한 사람을 뒤따라갔다. 자갈 밟는 소리에 그 사람이 돌아볼까 숨이 멎는 것 같은 공포감이 일었다. 그때 버스가 모퉁이를 돌아왔다. 버스를 보는 일은 드물었다. 버스가 보이지 않을 때까지 눈을 떼지 못했다. 버스는 천천히 지나갔다. 뽀얀 먼지는 더 천천히 버스 뒤를 따라갔다. 먼지가 가라앉은 신작로에 그 사람이 보이지 않았다. 덩그러니 나 혼자 서 있었다. 다 잡은 간첩을 버스 때문에 놓쳐버렸다.

흔적이 없어진 간첩을 찾아 두리번거렸다. 멍하니 섰다가 아쉬움을 안고 터벅터벅 집으로 돌아왔다. 그 사람의 인상착의를 잊지 않기 위해 한동안 다른 생각을 할 수가 없었다. 잠자리에 누우면 천장에 그 사람 모습이 둥둥 떠다녔다. 또 포상금에 대하여 생각하다 잠이 들곤 했다. 낮에는 신작로를 자주 나가보았고, 멀리까지 바라보며 서 있었다. 간첩을 신고하고 받게 될 상금에 매여 얼마간 살았다.

그때 간첩은 놓쳤지만, 이번에 사기는 당하지 않을 자신이 있었다. 아이에게 연락처를 받아 차근차근 말을 시켜볼 참이었다. 다시 아이에게서 전화가 왔다. 무엇이 의심스러워 그러냐고 물었다. 많은 대학생이 이 여행사를 통해 여행을 가니 믿어도 된다는 것이었다. 예약금이라 액수는 적었다. 아이가 하도 애가 달아 하니 일단 돈을 보내고 알아보아야겠다는 생각이었다.

태어나서 간첩을 만난 그때까지 내가 본 사람이라고는 우리 동네 사람뿐이었다. 또 대학생이 된 아이가 유럽 배낭여행을 앞둔 그날까지 난 여행사에 돈을 보내본 적이 없었다. 그리고 모든 은행 계좌의 이름은 사람 이름인 줄 알았다. 그래서 내가 처음 본 시커먼 아저씨들은 선생님 말씀대로 간첩일 개연성이 컸고, 신발끈이라는 이름을 가진 사람은 사기꾼일 가능성이 높았다.

돈을 보내고 아이에게 한마디 했다. 만약에 사기꾼에게 돈을 떼이면 다시는 여행을 보내주지 않겠다고. 아이는 답했다. 그렇게 의심스러우면 인터넷에 찾아보라고.

"인터넷, 그렇다면 신발끈이 사람 이름이 아니라는 거야?"

그래서 돈을 안 보냈던 거였느냐고 아이는 배꼽 빠지게 웃었다. 신발끈은 여행사 이름이었다. 숙소만 안내해 주고 신발 끈을 단단히 묶고 모든 여행은 스스로 하라는, 배낭여행을 전문으로 안내해 주는 여행사였다. '신발끈여행사' 정말 멋진 이름이었다. 내포된 뜻을 알고 보니 사람 이름일 거라는 생각만 한 것이 민망했다.

나는 왜 혼자 생각에서 빨리 빠져나오지 못했을까. 거의 어른이 되어서야 그 간첩이 이웃마을 아저씨였을 것이라는 걸 깨달았는데 또 그랬다. 그때 선생님은 간첩을 잡아야 한다는 말씀을 왜 어린 우리에게 그렇게 강조하셨을까. 혹여 지금도 내가 알 수 없는 말들에 매여 실상을 파악하지 못하고 있는 일은 없을까.

그리고 보면 사는 것은 끊임없이 사물과 사람과의 관계가 이루어지고 그들을 통해 영향을 받거나 그들에게 영향을 끼치는 과정이 아닐까. 그런 과정에서 성장하고, 또 세상을 조금 더 알아가는 것이라고 본다. 들리고 보이는 것만이 전부가 아니라는. 지금은 웬만한 것은 회색빛이 아닌 장밋빛으로 바라보게 되었다는 게 다행이다.

바늘겨레

명주조각 다섯 장을 준비한다. 색이 다른 조각들을 터지지 않게 비단 실로 단단히 꿰매고 창구멍을 남긴다. 솜을 팽팽하게 넣는다. 탄력 있을수록 바늘을 꽂아두기가 좋다. 이불 꿰매는 바늘에 무명실을 길게 꿰어 다섯 각의 귀퉁이를 집어 잡아당긴다. 볼우물처럼 오목하게 들어간다. 각이 진 조각들이 둥근 꽃으로 피어나는 순간이다.

바늘겨레는 바늘의 어머니다. 언제라도 바늘을 품어 줄 준비가 되어있는 넉넉한 품이다. 바늘겨레 여러 개를 만들어 장식장 위에 두었다. 엄마의 품에 자식이 안겨 있는 구도처럼 따뜻함을 느낄 수 있다. 엄마의 품은 세상의 어떤 유혹보다 힘이 세다.

우리 다섯 형제를 품어줄 엄마는 늘 바빴다. 그래서 손이 고루 미치지 못했다. 언니는 맏이라서, 여동생은 아들 낳는 터를 팔아서 귀염을 받았다. 남동생 둘은 아들이라는 이유로 특별히 대해 주었다. 둘째인 나는 상대적으로 관심을 덜 받았다. 그런 틈을 타 더러 사고를 쳤다.

한번은 아무도 몰래 만화책을 한 아름 빌려 방으로 숨어들었다. 마침 방바닥에 이불이 깔려 있었다. 만화책을 안고 이불 밑으로 들어갔다. 엄마가 꿰매던 이불을 밀쳐두고 잠깐 다른 일을 보러 갔는데 그것도 모르고 스스로 독 안으로 들어간 쥐가 된 것이었다.

독 안은 나의 아지트가 되어주지 못했다. 엄마가 돌아온 줄도 모를 만큼 만화에 정신을 팔았다. 엄마가 이불을 집어 들었다. 나 역시 재빠르게 이불을 꽉 잡았다. 어디서 나온 힘인지 엄마보다 힘이 셌다. 이불을 풀지 않자 엄마는 빗자루를 찾아들고 바늘이 있는데 애가 왜 이러느냐며 고함을 쳤다. 내게 이불을 풀게 한 것은 엄마의 야단이 아니라 바늘이었다.

엄마의 눈은 오로지 바늘을 찾느라 만화책은 보지 못했다. 만화책을 장롱 밑에 얼른 밀어 넣었다. 이불을 털어서 마루로 내어놓고 들었던 빗자루로 방을 쓸었다. 식구들이 달려오고 한바탕 법석을 떨고 난 후에 바늘을 찾았다. 내 옷자락에 붙어 있었다. 바늘을 찾고는 엄마의 눈이 장롱 밑으로 향했다. 가슴이 철렁 내려앉았다.

그때 아버지가 엄마를 불렀다. 때때로 아버지는 나를 구해 주었다.

바늘을 잘 지키지 못했다는 이유로 엄마와 아버지의 말싸움이 벌어졌다. 만화책을 빌려 왔던 내 잘못은 묻혀버려 다행이었다. 그렇게 가끔 바늘 때문에 소동이 일어나곤 했다. 바늘은 있을 자리에 있으면 그저 바늘일 뿐이다. 문제는 바늘이 제자리에 있지 않을 때 일어난다. 호기심이 많았던 나는 제 자리에 있지 않은 바늘 같았다. 만화를 빌려보지 못할 때는 온 들판을 쏘다니며 놀았다.

유월이 되면 밀 서리로 더 유난했다. 어린 가슴에 봄이 꽃물을 들여 놓았는지 그날따라 꽃무늬 치마를 입었다. 나무를 모아 누군

가 불을 지피고 각자 따온 밀을 던져 넣었다. 딜을 지키기 위해 불무더기를 건너다녔다. 햇살과 모닥불에 엉덩이가 뜨뜻했다. 치마에 불이 붙은 줄도 모르고 밀만 비볐다. 불꼬리를 달고 뛰느라 밀은 어디로 날아갔는지 먹지도 못하고 말았다.

숯검정이 된 채 터벅터벅 집으로 돌아왔다. 엄마는 밀 구워먹다 큰일 날 뻔했다며, 밀 구워 먹는 법을 알려준 아버지를 원망했다. 아버지께서 가끔 밭가에서 밀을 구워 주셨다. 푸른기가 가시지 않은 구워진 밀알을 내 작은 손바닥 위에 올려 주시곤 했다. 아버지처럼 밀을 잘 구울 수가 없었던 나는 일만 저지르고 말았다.

이렇듯 제자리에 있지 않은 바늘은 언제 어디로 달아날지, 어디에 숨어들어 누구를 찌를지, 누가 찔릴지 걱정스럽다. 엄마는 그날 이후로는 바늘 간수를 철저히 했다. 꿰매던 이불을 두고 자리를 뜨지도 않았다. 미처 바늘겨레에 꽂지 못할 때에는 다른 곳에라도 잘 꽂아 두었다. 몇 개의 바늘이 어디 어디에 있는지 수시로 챙겼다. 벽에 한 개, 실패에 두 개 하는 식으로 살폈다. 바늘이 없어진 줄을 금방 알아차렸다. 어떤 기업의 광고처럼 엄마는 길을 잃지 않도록 방향이 되고 지도가 되어주었다.

집으로 돌아가는 길을 잃어버린 바늘들이 여기저기 떠돈다. 요즈음 어딜 가나 그들을 걱정하는 소리다. 떠도는 바늘들이 하루빨리 엄마의 품에 들기를 바라는 마음으로 바늘겨레를 한 개 더 만들어 보려 한다. 엄마는 세상의 베이스다.

모과 두 개

올 모과는 반드럽게도 생겼다. 거실과 부엌에 두고, 지인들에게 나누어주고, 나머지는 설탕과 꿀에 재워 차로 만들었다. 익기 전까지는 관심을 두지 않았던 모과가 따뜻함으로 다가온다. 뜻밖의 작은 것으로부터 위로받는다.

가을만 되면 가슴이 텅 빈 것 같아 허전한데 올해는 그럴 새가 없이 바빴다. 친하게 지내던 지인의 발병 소식을 들었기 때문이다. 한 치 앞의 일도 모르긴 하나 지금 현재 건강하다는 것에 감사하지 않을 수 없는 일이라 더 부지런하게 지냈다.

차분한 마음으로 위로될 만한 무엇을 모았다. 그것들을 싸들고

병원으로 갔다. 걱정한 것보다는 사정이 나쁘지 않아 다행이었다. 그래도 안타까웠다. 무엇이 도움이 될까 같이 자료도 찾아보고 의논도 하고 돌아왔다.

산자락으로 묵정밭으로 연일 민들레를 캐러 다녔다. 땅이 얼어붙을까 마음이 바빴다. 민들레 캐는 내내 간절한 기도가 가 닿기라도 하는 듯 따뜻한 무언가가 가슴으로 차올랐다. 누군가를 위해 무엇을 할 수 있다는 것이 참으로 감사한 일이었다. 환이나 차를 만들어 먹으면 항암효과가 있다는 자료를 보았다. 반은 생으로 반은 차茶로 만들어 보냈다.

그러는 사이 김장철이 다가왔다. 김장 걱정이라도 덜어주고 싶었다. 평소보다 김장을 많이 했다. 김치는 담그는 일보다 포장하기가 까다로웠다. 냄새 때문에 택배가 어렵다고는 하지 않을까 마음을 졸였는데 다행히 문제없이 접수되었다.

손에서 김치가 떠난 순간 홀가분했다. 홀가분함도 잠깐, 집으로 돌아오는 동안 허전한 무언가가 뒤에서 당겼다. 아픈 사람이 김치는 받아서 무슨 위로가 되겠는가. 김치가 아닌 무언가가 있어야 했는데 정신없이 김치만 보내버렸다. 편지라도 넣을 걸, 남은 배추라도 두어 포기 넣을 걸, 모과도 있었지 하는 생각이 꼬리를 물고 이어졌다. 집에 도착하자 바로 우체국에 택배 상자를 빼 놓으라는 전화를 걸었다.

편지를 쓰고 쌈 배추를 챙기고 모과 두 개와 모과차 한 병을 들고 다시 우체국으로 갔다. 택배 상자가 접수하는 직원 자리 밑에 덩그러니 앉아 있었다. 중요한 것을 빠뜨렸다는 사정을 이야기하고 밖으로 들고 나와 포장을 뜯고 그것들을 넣었다. 노란 배춧속과 모과 향으로 하루라도 가슴이 따뜻하기를 바라는 마음을 함께 담았다. 편지에는 내년 봄 우리 집 마당에서 같이 밥 먹자는 프러포즈도 했다.

그냥 마음이 그렇다. 누가 바라서도 강요해서도 아니다. 상대에게 얼마나 위로가 되었는지 도움이 되었는지 알 수는 없다. 못 생긴 모과가 마음을 따뜻하게 하듯 별 것 아닌 것들로 의외의 위로가 될 수도 있다.

모과차를 담은 찻잔의 온기가 거칠어진 손을 타고 가슴으로 전해진다. 허전하지 않은 늦가을이다. 타인으로 인해 결국 내가 치유 받는다.

생명은

비 온 후의 숲은 상쾌하다. 비와 햇빛은 나무와 풀에 생기를 주어 자라게 하는 조력자다. 이들의 조력으로 팽팽해진 숲 속에서 덩달아 힘이 난다. 나무들이 하늘을 향해 팔을 벌리고 섰다. 이파리 사이로 비쳐드는 투명한 햇살이 바닥까지 닿는다. 그 아래 풀들도 나무를 따라 팔을 뻗는다.

휴가 가는 길에 자작나무숲미술관에 들렀다. 미술관보다는 숲에 끌린다. 오래 머물고 싶어 되도록 천천히 걷는다. 더 멀리 숲 속으로 나간다. 벤치 앞에서 종내 걸음을 멈춘다. 늘 숲에서 인생의 조력자를 만났다. 그들은 숲을 살아나게 하는 비와 햇빛처럼 내게 많은 영향을 주었다.

　지금도 선연히 남아 있는 곳은 초등학교 오학년 때 소풍 갔던 장소다. 오래된 소나무가 숲을 이룬 아름다운 공원이었다. 그해 소풍날 사생대회가 열렸다. 눈앞에 보이는 풍경을 그려야 했다. 뒤에 서 있는 나무와 앞에 서 있는 나무를 평면에 어떻게 표현할 수 있는지 도대체 방법을 몰랐다. 차라리 찰흙으로 나무를 만들어 세우면 모를까 크레용으로 입체감을 나타내기란 내 능력으로는 어림없는 일이었다.

　앞에 앉은 아이의 그림을 보았다. 숲 속의 풍경이 도화지 속에 들어와 있었다. 눈앞의 커다란 나무둥치, 멀어서 작게 보이는 나무,

굽은 나무, 곧은 나무가 마치 도화지에서 살아 움직이는 것 같았다. 만약 내가 그림에 소질이 있었다면 그림 그리는 법을 스스로 터득했을 수도 있는 일이었으나 나는 그림에 소질이 없었다.

선생님께서 다가오셨다. 열두 색 크레용에서 나무색과 초록색을 꺼내 들고는 쓱쓱 몇 번, 늘이고 줄이고 붙이고를 하는 동안 그림이 슬슬 살아나기 시작했다. 죽은 그림에 생명을 불어넣는 과정을 숨죽이며 보고 있었다. 정녕 소나무 숲이 되었다. 납작했던 나무는 나였다. 조력자였던 선생님 덕분에 그날 이후로 살아있는 나무가 되어 숲의 일원이 되어갔다.

또 한곳은 그 무렵의 학교 뒷산 숲이다. 선생님께서 고전 읽기의 중요성을 아셨는지 학교의 방침이었는지 고전 읽기 반이 만들어졌다. 학교에 남아 고전을 읽은 후 학교 대항 시험에서 대표로 뽑히면, 군 고전 읽기 대회에 나갈 수 있었다. 무더운 여름에 선풍기 하나 없는 교실에서 책을 읽기란 쉽지 않았다. 선생님께서는 우리를 데리고 뒷산으로 올라가 소나무 그늘에서 책을 읽게 했다.

그렇게 고전 읽기 반에 들어간 덕분에 ≪파브르의 곤충기≫와 ≪왕자와 거지≫를 읽었다. ≪삼국유사≫를 읽을 때는 쏟아지는 졸음을 참을 수 없어 무덤 뒤에 숨어 책으로 얼굴을 덮고 잠들었던 기억이 난다. 책 내용보다는 선생님이 우리를 아름다운 숲에 데려가곤 했던 추억이 더 선명하다. 그 숲에서 읽었던 책과 선생님의 말씀들로 정신이 한층 자랐다. 늘 책에 대해 관심이 있는 것은 그때 고전 읽기를 시켰던 선생님 덕분이다.

　중학교 진학을 앞두고 또 한 번 선생님의 도움을 받았다. 집에서는 수학여행과 중학교 진학 중 한 가지만 선택하라는 명령이 떨어졌다. 지금 같으면 말도 안 되는 일이지만 그때는 그랬다. 수학여행을 못 가는 아이는 몇 명 안 되었다. 그 사실을 안 선생님께서 어느 날 자전거를 타고 집으로 찾아오셨다. 수학여행 경비를 대신 내주겠다는 약속을 하신 선생님께서 자전거를 끌고 산길을 따라 학교로 돌아가는 모습을 숲에 서서 오래 바라보았다.

　고비마다 조력자를 만나 삶의 단계를 올라왔다. 그중에 최고의 조력자는 역시 부모님이었다. 내가 둘째를 임신했을 때였다. 세 들어 사는 집 주인이 사정이 있어 집을 팔았으니 비워달라고 하면서 전세계약금을 돌려주었다. 그리고는 주인이 사는 건너 동에 좋은 집이 있으니 이참에 사서 살아보라고 권했다. 집 살 형편이 되지 않았으나 그 집을 둘러보고 싶었다. 구조가 마음에 들었고 무엇보다 깨끗했다. 깨끗한 집에서 아이들을 키우고 싶은 마음이 간절하게 일었다.

　남편은 갑자기 집을 산다 하니 놀라는 눈치였다. 모든 것은 내가 알아서 할 테니 그리 알라며 친정으로 향했다. 밭에 계시던 부모님께서는 놀라시며 할머니 산소 옆 소나무 그늘로 앉으셨다. 동생들이 한창 공부할 때라 친정도 형편이 넉넉지 못했다. 딸자식의 부탁을 거절할 수가 없었는지 아버지가 일손을 놓으시고 하얀 셔츠로 갈아입으시더니 머리를 단정히 빗고 조합으로 가셨다.

  처음으로 마련한 집에서 둘째 아이를 낳았다. 비로소 봄바람이 나를 향해 살랑살랑 불어왔다. 마음 놓고 숨을 깊이 들이쉬었다. 우리가 이사 걱정 없이 사는 모습을 보면서 부모님도 무척 좋아하셨다.

  혼자서는 완성할 수 없었던 고비마다 내가 만났던 조력자들에 의해 가장 중요한 부분을 채워왔다. 어떤 조력자를 만나느냐에 따라 삶의 방향이 달라질 수도 있다. 그러고 보면 사람을 비롯한 모든 생명은 자기 자신만으로 완성될 수 없다. 모자람을 다른 존재로부터 채워 받게 되어 있는 것이다. 자작나무 숲길을 걸으며 생각해본다. 나도 어느 때 누군가를 위한 비였는지 햇빛이었는지를.

다행이야

어느 해인가 단풍나무 새싹 무더기를 발견했다. 몇 포기 뽑아다 꽃처럼 길러보면 괜찮을 것 같아 조금 더 자라기를 기다렸다. 그러던 어느 날 풀밭이 말끔하게 정리되어 그 많던 싹이 흔적도 없이 사라졌다. 생각해보니 해마다 관리소에서 이맘때 화단정리를 했던 기억이 났다.

일 년을 기다려 고맘때 작고 여린 싹을 한 움큼 뽑아왔다. 화분에 나란히 줄을 세워 심으니 꽃처럼 귀여웠다. 낙오된 한두 포기를 빼고는 모두 자리를 잡았다. 해마다 줄기도 굵어지고 새 잎도 돋고 키도 자랐다. 잡초에 불과했던 싹이 작품이 되어갔다. 사랑으로 돌

본 몇 년은 그랬다.

변하는 것이 사람 마음이라더니 관심은 점점 다른 꽃으로 옮겨갔다. 돌보기를 멈추니 자라기를 포기한 듯 늘 그대로였다. 나의 무심함에 반기를 들듯 조금씩 기형이 되어갔다. 몸에는 이끼가 끼고 잎도 거의 없었다. 아주 가끔, 어쩌다 잎이 하나씩 돋았다. 점점 구석으로 밀려났다.

이웃에서 새로운 꽃 몇 포기를 분양받았다. 단풍나무 화분으로 눈이 갔다. 처음 인연 맺었던 때를 생각하면 미안한 일이지만 과감하게 뽑았다. 내가 감당할 수 있는 인연은 끝났다는 것을 알면서 내려놓지 못하고 있었다.

처음의 그 파릇한 생기를 잃은 후에야 내려놓았다. 그러고는 잊어버리고 두어 해가 지났다. 엊그제 풀숲을 지나는데 쑥 자란 단풍나무가 눈에 들어왔다. 진즉에 풀어 주었으면 이미 재목이 되었을 텐데, 늦었지만 제법 나무의 자태를 잡아가는 모습을 보니 그나마 다행이다.

시간이 지나면 누군가에게 그늘도 만들어주고 바람막이도 되어줄 큰 나무로 자랄 것임이 분명해 보였다.

장미의 계절

　장미의 계절은 언제일까. 꽃이 피기 시작하는 5월부터 절정에 이르는 6월까지가 아름답다. 꽃은 여름과 가을에도 핀다. 그렇다고 봄부터 가을까지를 장미의 계절이라 하지 않는다. 눈부시고 향기롭기는 꽃이 피었을 때가 최고다. 장미를 가꾸면서 진짜 중요한 계절은 겨울이라는 걸 깨달았다. 겨울에 관리를 잘해야 튼실한 꽃을 볼 수 있다.

　장미는 초겨울로 접어들 무렵 가지를 자르고 정리를 한 다음 쇠똥거름을 묻어준다. 그 위에 왕겨를 덮는다. 그리고 짚으로 줄기를 싸맨다. 테니스장 울타리에 그렇게 겨울을 난 장미가 피기 시작했다.

실력이 비슷한 아이들의 입시경쟁에서 이기려면 체력이 뒷받침되어야 한다는 전제하에 젊은 엄마가 오늘도 이른 아침부터 아들을 데리고 테니스장에 나타났다. 입시 막바지에는 실력보다는 체력싸움이라는 것을 일찍이 간파한 지혜로운 엄마다. 앞장선 엄마에 이끌려 터벅터벅 걸음이 느렸던 아이가 어느새 공을 따라 테니스장을 누빈다.

먼 미래의 입시를 위해 체력을 길러야 한다는 걸 이해할 수 있을 나이로 보이지는 않는다. 그래도 튀는 공처럼 경쾌한, 지저귀는 새처럼 웃음이 맑은 저 아이는 내일의 주인공이 될 것임이 분명하다. 그들의 활기가 주방의 창문을 넘어 내게로 전해져온다.

춥지도 덥지도 않은 이맘때쯤 테니스레슨을 받은 적이 있다. 봄에 유난히 기운이 떨어지는 체력을 보강하려고 시작한 운동이었다. 하루에 두세 시간을 운동에 할애한다는 것이 보통 일이 아니었다. 테니스장에는 운동하는 사람이 많아 차례를 기다리는 때가 많았는데 그 시간을 견딜 수가 없었다. 다른 사람의 게임을 보면서 훈수를 놓곤 하는 것도 운동의 일부라는데 짬만 나면 집으로 눈이 갔다. 테니스장에서 올려다 보이는 아파트 3층이 집이었다.

그렇게 소극적으로 운동을 해서인지 갈수록 체력이 달렸다. 결국 견디지 못하고 중도에 포기하고 말았다. 스포츠센터에 돈만 갖다 주고 그만 둔 적이 이미 여러 번이었다. 내리쬐는 햇볕에서도 공을 치며 건강하게 땀 흘리는 사람들을 창문으로 내다보는 것으로 만족했다. 준비하지 않았기 때문에 한나절만 움직이면 지치는 저질 체력으로 지금까지 살고 있다. 뭔가를 이룬 사람들은 그만큼 준비하고 다져온 세월이 있기 마련이다. 시작하고 준비하고 견디는 것에서 이미 꽃피는 삶을 약속받는다. 꽃을 피우기 위해 열정을 다했던 그 시기가 빛나는 계절인 것이다.

추위를 견디는 겨울에 이미 움이 만들어지는 장미처럼, 이른 아침 테니스장으로 나오는 저 아이처럼 부지런히 몸과 마음을 다듬어야 활기찬 내일이 있다는 것만은 확실하다.

창으로 보이는 세상이 온통 생기로 가득하다. 저들은 어떤 준비를 했기에 저렇게 눈부실까.

3

산길은 험하고 해는 짧다
겨울 끝자락의 권태를 털어내는 방법
여행의 끝
말랑한 꿈
봄 도다리
산삼
단풍나무 숲
곶감과 풋감
갈비와 갈쿠리
내리사랑 치사랑

산길은 험하고
해는 짧다

　가을 해는 생각보다 짧다. 지리산은 당일 산행을 하려면 서둘러야 한다. 해가 지기 전에 차를 세워둔 곳에 다다를 것이라 예상했는데 산중턱에서 날이 저물고 말았다. 두런두런 하던 이야기도 멈추고 숨소리도 낮췄다. 조용해진 틈으로 멀리 산짐승 소리가 들렸다. 가쁜 숨을 참고 있는 내게 앞서가던 남편이 노래를 부르라 했다. 소리를 내야 산돼지가 가까이 오지 못한다는 것이었다.

　일부러 울음을 섞어 웅얼거렸다. 울먹이면서 부르는 노랫소리는 짐승의 소리였다. 남편의 보호본능을 시험해보고 싶기도 했다. 목이 쉬고 다리에 감각이 없어질 즈음에서야 불빛이 보이기 시작했

다. 마지막 힘을 다해 주차장에 닿았다. 조였던 신발 끈을 풀고 의자에 등을 기대고서야 그전 엄마 생각이 났다.

어두운 밤, 산을 넘으며 노래를 부르는 엄마가 이상했다. 숲길에서 시작된 노래는 숨이 가쁘게 고개를 넘을 때 도리어 소리를 높였다. 특히 연못을 끼고 돌 때는 비명에 가까웠다. 노랫소리에 비례하여 잡은 내 손을 조이고 풀고를 반복했다. 엄마가 작은 내 손을 조여 잡을 때는 흥건히 땀이 배고 아팠다. 손을 빼고 싶었으나 그럴 분위기가 아니었다. 폭풍전야 같은데 엄마가 노래를 불렀기 때문이었다.

산을 넘어 학교 앞으로 아버지를 찾아갔다가 헛걸음만 하고 돌아오는 길이었다. 아버지는 봄가을로 동창회에 참석했다. 가을운

동회와 봄소풍의 연장선에서 오랫동안 이어오는 모임이었다. 농사철이 시작되는 봄과 가을걷이로 바쁜 시기에 집을 비우는 아버지를 엄마는 못마땅해했다. 아버지 친구들을 점잖은 분들이라고 했던 걸로 보아 엄마도 아버지의 동창회를 싫어하지는 않았다.

문제는 아버지의 약한 의지였다. 동창회든 계모임이든 나갔다 하면 이차 삼차를 이어갔다. 아침에 나갈 때는 끝나는 대로 돌아와 집안일을 하기로 하나 매번 깜깜 무소식이었다. 기다리다 지친 엄마는 나를 데리고 아버지를 찾아 나섰다. 친구 집에서 한창 재미있게 놀고 있는 아버지를 문틈으로 살짝 부르면 아버지는 아직 멀었으니 엄마랑 먼저 집에 가 있으라고 했다. 그렇게 돌아오는 길이었으니 어린 나도 분위기를 읽을 수 있었다.

다음날이면 엄마는 어김없이 쌀물을 받고 흰죽을 끓였다. 몽돌로 자배기 바닥을 문질러대는 엄마의 모습이 슬퍼보였다. 쌀물을 마신 아버지는 늦잠을 자고 일어나 솥 안에 넣어둔 흰죽을 먹었다. 밭에 나간 엄마의 심정을 안다면 좀 더 서둘러야 하는데 아버지는 꼼지락꼼지락 느리기만 했다. 해가 중천일 때 대문을 나섰다.

엄마는 의지가 강했다. 타성에 젖은 아버지를 바꾸어보려는 의지를 결코 포기하지 않았다. 남들처럼 새벽일을 해야 한다는 엄마와 아침밥을 먹고서야 들에 나가는 아버지는 매번 부딪쳤다. 아버지도 가끔은 새벽에 풀을 베어오기도 했다. 엄마는 아버지가 삼대독자로 대접만 받는 철없는 자식이 아니라 한 여자의 남편이고 머리가 커가는 자식들을 둔 가장이라는 사실을 자각하기 바랐다.

순 엄마의 노력으로 우리 집도 조금씩 나아졌다. 소도 여러 마리로 늘어났고 경운기로 농사일을 하게 되었다. 매번 앞으로 내달리는 사람은 엄마였다. 아버지는 무리한 개혁에 반기를 들듯 바쁜 엄마가 쌀물을 받게 만들었고 흰죽을 끓이게 했다. 산길은 험하고 해는 짧다는 것을 엄마는 잘 알았는데 아버지의 약한 의지 때문에 매번 때를 놓치고 말았던 것이다.

부부가 같이 서둘러도 여차하면 늦다. 이번 산행에서 우리도 그랬다. 같이 서둘기는 했으나 내 걸음이 느려 예상대로 내려오지 못했다. 그래도 남편이 앞장서서 랜턴을 비추어주고 손을 잡아 주어 무사히 산을 내려왔다.

엄마의 일생은 이제 겨울로 접어들었다. 아버지는 엄마가 가는 길에 불빛 한번 비추어주지 못하고 말았다. 부부가 힘을 합쳐도 걷기 힘든 삶의 길을 엄마 혼자 앞장서 걷느라 고생한 우리 엄마. 이제라도 주거니 받거니 아버지랑 나란히 걷는 행복을 누릴 수 있다면 얼마나 좋을까. 아쉬움에 창밖의 어둠만 응시한다.

겨울 끝자락의
권태를 털어내는 방법

　　꽃 한 송이 샀다. 붉은 꽃잎 끝에 주황빛이 도는 장미다. 단을 헐어 한 송이만 뽑아 주니 고마웠다. 아름의 꽃이 필요할 때도 있지만 때로는 한 송이로 족하다. 진열장 속의 화려한 꽃들이 유혹했으나 욕심내지 않았다. 매일 먹는 밥처럼 늦겨울이 지겨워 오늘은 장미 한 송이로 기분전환을 해본다.

　배는 부르고 목이 좁은 꽃병이 있다. 짙은 갈색과 옅은 갈색이 번갈아 들어간 꽃병인데, 짙은 면에는 까슬까슬한 알갱이가 붙었다. 흙에 모래를 섞어 그런 질감을 살렸을 도공의 창작의도를 생각해본다. 비워 두어도 허전하지 않게 만들었을 것이다. 겨울이 길다

보니 그 꽃병이 쓸쓸하게 보였다. 겨울의 권태를 털어내기에는 화려한 장미가 제격이다.

이전에도 장미를 꽂기에 알맞은 몇 개의 꽃병이 있었다. 유리로 된 것은 발끝부터 머리까지 훤히 들여다보여 여간 신경 쓰이는 게 아니었다. 백자 꽃병은 선명한 꽃만 어울렸다. 지금 사용하고 있는 꽃병은 색깔이나 모양, 크기가 부담 없어 내내 앞에 두고 사용한다.

한 송이만 꽂으니 기울어진다. 그냥 기울어진 채로 둔다. 짧게 자르면 바로 서겠지만 대신 볼품이 없다. 꽃꽂이를 제대로 하려면 이것저것 재료도 필요하고 기술도 필요하다. 재료가 없어도 꽂는 기술이 부족해도 나름대로 꽃을 꽂는다. 그저 내 식대로 꽂는다.

얼마 전에는 꽃다발을 통째로 꽂았다. 열 송이가 넘는 장미에 안개꽃을 둘러 고운 포장지로 싸고 리본으로 묶은 꽃다발이었다. 신춘문예에 시가 당선된 분을 축하해 주기 위해 서울까지 나들이를 다녀왔다. 그 시인의 축하 꽃다발 중 한 다발이 나의 꽃병에 꽂혔다. 조금은 벅찼고 화려했다. 살다 보면 그런 날도 있다.

꽃병의 크기나 색깔에 알맞게 꽃을 꽂아야 꽃꽂이가 잘 되었다고 할 수 있다. 꽃병보다 꽃대가 길면 쏠린다. 꽃병보다 양이 많아도 무거워 보인다. 무슨 꽃을 어떻게 꽂느냐에 따라 꽃병의 모습은 달라진다. 풀꽃이 어울린다고 풀꽃만 꽂으면 재미없다. 화려한 날도 있어야 지루하지 않다.

실은 풀꽃을 더 자주 꽂는 꽃병이다. 애초에 키가 작은 풀꽃은 기울어지지 않는다. 겨울에는 솔가지를 꽂고 이른 봄에는 꽃눈이 달린 매화 가지를 꽂는다. 문만 열면 나뭇가지도 많고 풀꽃도 흔해 일 년 내내 뭔가를 꽂을 수 있다.

  그래도 비워 두는 날이 많다. 어느 것에도 마음을 뺏기고 싶지 않은 날은 비워둔다. 물을 갈고 시든 꽃잎을 자를 필요가 없으니 몸이 한가해진다. 몸이 한가하면 마음이 편안하고 마음이 편안하면 정신의 작용이 활발해진다. 한가한 정신 상태에서 생각해낸 일이 봄 맞을 준비였다. 그래서 꽃집으로 갔다. 삶은 매 순간 선택이다.

  어떤 꽃을 꽂을 것인가는 내 마음에 달렸다. 화려한 꽃이든 수수한 꽃이든 선택은 자유다. 수수한 꽃병에 풀꽃이 자연스럽겠지만 어디 사는 게 그렇던가. 된장 뚝배기에 스테이크를 담는 날도 있는

것이다.

풀꽃이 어울리는 꽃병에 장미를 꽂아 특별한 하루를 연출해 보는 것이다. 오늘이 그런 날이다. 창가로 비쳐든 햇살이 도탑다. 꽃병 위에 봄이 일렁거린다. 카페의 창가에 앉아 달콤한 케이크 한 조각과 커피를 주문하고 싶은 날이다.

여행의 끝

삶은 극복의 연속이다. 일상 중에 극복해내야 할 일들은 참으로 많이 일어난다. 어제 집에 도착하여 부엌창의 커튼을 걷어 올리다 접시를 하나 깼다. 접시가 넘어지는 순간 나도 모르게 비명을 지르며 손을 모아 잡았는데도 내 짧은 기도가 통하지 않았는지 사정없이 세 토막이 나버렸다. 하룻밤 내내 무척 애석하였으나 현재는 더 큰 일이 일어난 것보다 낫다는 마음으로 바뀌었다. 잘잘한 일은 또 다른 일에 묻혀간다.

지금은 시차를 극복 중이다. 다만 집에 돌아와 있으니 견디기가 한결 낫다. 집안일을 새벽에 하거나, 낮에 잠을 자거나 집이니까

내 마음대로 하면 된다. 정신을 바짝 차려야 할 다른 일이 일어나지 않는 한 얼마 동안은 밤을 낮처럼, 낮을 밤처럼 멍하게 보내게 될 것이다. 시차가 극복되어야 이번 여행은 끝난다.

보름 전, 들뜬 마음으로 프랑스 파리로 날아갔다. 모두들 왜 파리, 파리 하나 그것을 내 눈으로 직접 보고 싶은 마음에 비행기에서의 지겨움은 영화 두 편으로 가볍게 물리칠 수 있었다. 다만 약간의 걱정은 언어와 음식이었다. 몇 마디 불어실력을 믿을 수 없어 김치와 고추장을 준비해갔다. 그런데 막상 파리에 발을 딛고 보니 더 급한 문제는 시차적응이었다. 파리를 정복하고 말겠다는 듯 도착한 걸음으로 관광에 나섰다. 의욕과는 달리 얼마 지나지 않아 너무 멀리 날아온 새 같았다.

무엇을 볼 때도, 먹을 때도 몽롱세계였다. 개선문에서 바라본 에펠탑과 루브르박물관의 모나리자도 돌이켜보니 꿈속에서 본 듯 기억이 흐리다. 물밀듯이 밀려드는 인파 속에 보아 더 그렇다. 너나 할 것 없이 여행의 방점을 찍는 데 모나리자의 미소만큼 강렬한 것은 없는 모양이었다. 에펠탑과 루브르박물관을 떠나오고 난 뒤에야 심신에 탄력이 붙었다.

정신이 맑아지자 극복할 문제는 줄서기였다. 남의 나라 궁전 속을 들여다보기 위한 줄은 끝이 없었다. 참을성을 시험하는 무대 같기도 했다. 그 줄에서 이탈해 화장실 줄에 서면 중국관광객들의 수다에 귀가 괴로웠다. 그들은 줄 서는 어려움을 수다로 푸는 듯

유난히 큰 소리로 떠들었고 나는 휴지로 귀를 막고 그것을 참아내야 했다. 줄 잘 서기는 화장실에서도 적용되었다. 줄 서는 데 서툰 사람은 줄 설 필요가 없는 곳을 찾기 마련이다.

끝없는 들판을 달려 루아르지역으로 갔다. 몇 시간을 달리는 동안 만난 것은 바람뿐이었다. 사람이 그리울 즈음 중세 귀족들의 놀이터였다는 고성에 닿았다. 빛에 의해 시시각각 변화는 자연의 색을 담아낼 능력이 없음을 한탄해야 했다. 지금 내가 보는 장면을 마네, 모네, 고흐도 보았을 것이라고 추측해보았다.

스위스의 푸르카 고개를 넘을 때 바지허리가 헐렁하다는 걸 느꼈다. 배고픔을 잊을 만큼 깊은 몰아에 빠지게 했던 롱샹성당의 여운은 알프스에 닿도록 이어졌다. 길가에 차를 세우고 라면을 끓였다. 이중삼중으로 꼭 싸매놓은 김치를 꺼냈다. 가방 속에 밴 냄새 때문에 김치를 버렸더라면 후회할 뻔했다. 느끼해진 속을 달래고 나니 비로소 알프스의 품이 너그럽게 다가왔다.

고개를 넘으면 평지가 나왔고 평지를 달리다 보면 또 넘을 고개에 닿았다. 낭떠러지를 지날 때는 순간순간 가슴이 졸아붙는 듯 아찔했다. 스스로 선택한 길이었다. 번지점프대에 서는 사람들의 심정을 알 것 같았다. 극복의 한계에 도달해봄으로써 일상의 일을 쉽게 극복할 힘을 얻는 것이다. 번지점프대에 서는 심정으로 만년설에 다가갔다. 추위와 위험을 극복하고 안도의 시간을 맞기에 알프스만한 곳도 없었다.

이번 여행도 끝났다. 제대로 된 식사도 해보고 딱 한입만 먹고 메뉴 끝에 적힌 숫자를 노려보며 내놓기도 했다. 눌러 앉고 싶은 곳과 얼른 떠나오고 싶은 곳을 거쳐 집으로 돌아왔다. 눌러앉고 싶었던 곳에서는 마치 그곳에 오랫동안 살았던 토박이처럼 느긋하게 보내지 못한 것이 아쉽다. 그곳에서만 맛볼 수 있었던 와인 역시 기회가 단 한번이어서 아쉽다. 그래서 또 여행을 계획하는 것이리라.

삶을 긴 여행으로 본다면 일은 끝없이 일어난다. 그것들을 극복해가는 게 삶이다. 더 이상 극복할 일이 없는 날이 삶이란 여행의 끝인 것이다. 지금 졸음을 극복하느라 애쓰고 있다.

말랑한 꿈

　　　　라일락 가지 끝에 보랏빛 꽃이 달렸다. 구석구석까지 향기가 닿는다. 단단했던 가슴들이 풀어진다. 새들이 노래한다.
　자연을 향해 새와 함께 노래하는 오월이다. 마당을 돌며, 둑길을 걸으며 노래를 부른다. 아침이면 눈만 뜨는 것이 아니라 소리도 절로 나온다. 지금 입술 끝에 달려 있는 노래는 〈꿈속의 고향〉이다. 굳은 물감이 풀려 오월의 풍경이 되듯 입력된 노래가 풀려나와 자연 속으로 섞여든다. 노랫소리가 커진다. 축제다. 흙의 축제에는 느린 템포의 노래는 적혀 있지 않다. 자연의 역동성에 덩달아 힘이 솟는다.

    봄의 생물들처럼 바쁘다. 늘 그랬었다. 그래서 봄을 기다렸다. 밖으로 내딛는 발걸음이 가볍다. 여기다. 피고 싶은 꽃 다 피는 이 축제에 같이할 누구를 떠올려본다. 봄비소리가 오케스트라의 교향곡이다.

    비가 내렸다. 가뭄 끝에 내리는 비는 젖이다. 대지가 젖을 먹는 동안 손이 놓여났다. 우선 보이는 거실만 하려던 청소였는데 연속부절로 다락방까지 찾아들었다. 일 년에 한두 번 손길이 미치는 곳이다. 흩어진 물건들을 정리하고 오래된 상자를 열었다. 물감과 붓, 그리고 팔레트가 차곡차곡 담겨 있다.

팔레트에는 짜놓은 물감이 굳을 대로 굳었고 먼지에 덮였다. 어떤 색은 부서져 조각으로 나뉘었다. 팔레트는 모양이 휘고 칠도 벗겨져 낡았다. 서랍에 넣어둔 채 묵혀버린 꽃씨를 볼 때처럼 싸하다. 반짝거리는 팔레트에 말랑말랑한 꿈을 담았을 텐데 풀려 나오지 못하고 굳어 있다.

처음 내가 속으로 가진 꿈은 미용사가 되는 것이었다. 친구 언니가 미용사였다. 그 친구가 입고 다니는 꽃무늬 원피스와 등에 맨 빨간 가방이 부러웠던 그때는 미용사가 최고인 줄 알았다. 처음으로 가졌던 그 꿈은 지금까지 입 밖으로 내어본 적은 없다. 미용사가 되기 위한 연습으로 연탄집게로 파마를 했다가 쫓겨나고는 접었다.

그리고 또 언제는 잡지에서 여검사에 대한 기사를 읽고 밤을 새웠다. 검사가 되어 정의로운 사회를 만드는 데 기여하고 싶은 혈기가 꿈틀거렸다. 그 꿈 역시 나하고는 거리가 멀었다.

그림을 그리기 위해 색색의 물감을 채웠던 때를 생각해 본다. 팔레트의 물감이 다락에서 굳어가는 동안 어떤 그림을 구상하고 있었을까. 오래 망설이다 다시 풀어서 쓰지 못할 만큼 굳어버렸다. 원근감, 입체감도 표현 못하면서 오월의 풍경을 그리려 했던 모양이다. 색색이 가득도 담았다.

왜 그렇게 감각이 없었는지. 늘 평면적이었다. 나비는 박제된 듯 그렸고, 나무에는 생명을 불어넣지 못했다. 눈앞에 보이는 풍경을 살아 있는 듯 도화지에 옮겨놓는 친구의 그림솜씨가 신기하기만 했다. 유아적인 그림 그리기에서 더 나아가지 못하고 팔레트를 닫아 버렸다.

그때는 정말 그리고 싶은 것이 꽃인지 나비인지 구름인지 알지 못해서 망설였고 무엇을 먼저 그릴지도 정하지 못했다. 딱 집어내기에는 비슷한 색도 여러 개였다. 무엇이 되어 어떻게 살까 고민하는 사이 다락에 물감이 있다는 것조차 잊어버렸다.

시간에 따라 사는 동안 팔레트는 낡고 물감은 더러 깨졌다. 꽃이 되고 나무가 되려던 꿈, 땅이 되고 산이 되려던 꿈, 하늘을 나는 새가 되려던 꿈, 보류된 꿈들이 다락에 잠들어 있다.

만물이 잠에서 깨어나 무엇이 되는 이봄에 팔레트를 열었다. 이제 팔레트의 물감으로 잔잔한 풍경을 그리려 한다. 산길을 오르며 자연을 향해 노래 부르는 표정을 담을 수 있기를 바란다. 공기의 단맛을 표현할 수 있다면 더 이상 바랄게 없다. 팔레트를 닦고 물감 위에 쌓인 먼지를 털어낸다. 한 발 늦었으나마 꽃피우기를 바라며 말랑한 대지에 꽃씨를 뿌린다.

봄 도다리

쑥국을 끓였다. 멸치육수에 된장 풀고 쑥 한 줌 넣은 것이 전부다. 바지락 몇 마리나 도다리를 넣으면 더할 나위 없겠지만 코끝에 닿는 해쑥 향기만으로 족하다.

도다리는 경남 사천 내 고향 바다의 것이 맛있다. 씹는 질감이 오돌오돌하고 고소한 그 맛, 지금도 생생하다. 바다에서 잡아 바로 먹었다. 봄마다 도다리쑥국 소문을 흘려듣는 것은 어쩌면 그 맛을 능가하지 못할 것 같기 때문이다. 추억 속의 그 맛이 흐려질까 도다리 사러 장으로 나서지 못한다.

봄이 되면 멀리 벚꽃밭이 건너다보이는 바다로 백합 캐러 다녔다. 호미로 모랫바닥을 긁어 캐기도 했고, 체에 모래를 긁어 담아 물에 흔들면 모래는 빠지고 모래보다 큰 것들만 남는데 그 남은 것에서 백합을 골라내기도 했다. 가랑이 사이로 밀물이 들어찰 때까지 해야 겨우 한 홉, 많아야 두 홉 정도였다. 새끼손톱만 한 백합은 팔기 위해 잡았다.

갯가에 백합 장수가 홉을 들고 기다렸다. 새끼를 수집해 다시 바다에 뿌리는 사람이었다. 한 홉에 천 원. 보석 같은 새끼백합을 장사꾼 손에 넘겨줄 때마다 가슴이 아렸다. 천 원과 차마 넘기지 못한 두 마리 백합이 주머니에 들어있어 집으로 돌아오는 길에 그나마 위로가 되었다. 그날 잡은 백합 중에 색이 고운 두 마리는 다음 날까지 손 노리개로 삼다가 결국 우리 집 된장국에 들어갔다.

백합을 잡는 체 안에 다른 생물도 잡혀 올라왔는데 그중 도다리 새끼가 제일 반가웠다. 또 발바닥을 간질이는 게 있을 때 더듬으면 영락없이 도다리 새끼였다. 보호색을 띠고 모랫바닥에 엎드려 있어 웬만해서는 눈에 띄지 않는 도다리를 쉽게 잡는 방법이었다. 꽃잎만 한 도다리새끼를 입으로 가져가는 어른들을 보고 처음엔 질겁했다. 그러다 점차 그 맛을 알아갔다. 꽃잎보다 큰 도다리는 집으로 가져와 쑥국에 넣었다.

누가 도다리 이야기만 하면 그 시절을 떠올린다. 마치 재미있는 놀이를 했던 것으로 기억에 남아 있다. 물장구를 치며 바다를 누비는 내 모습이 한 폭의 그림으로 되살아난다. 그 그림에 관하여 이야

기할 때는 저절로 목소리가 올라가고 말이 많아진다. 정말 아름다운 그림으로 봄마다 고착되어 갔다.

쑥 캔 날 저녁에 보일러가 고장 났다. 쑥 캐느라 미룬 빨래를 보일러실에 널러 갔다가 물이 새는 것을 알았다. 요리조리 보일러를 들여다보아도 어떻게 할 수가 없었다. 아침이 되어 수리전문가가 와서 난방수통에 구멍이 났다는 진단을 내렸다. 난방수통은 단종된 것이라 주문을 넣고 기다려야 했는데 열흘의 시간이 필요했다.

한겨울이 지났으니 괜찮겠지 했다. 그런데 흐리고 비 내리는 초봄은 추웠다. 꽃샘추위로 얼음이 언 며칠은 보일러 고장 나기 전의 집이 얼마나 따뜻했는지 새삼 떠올리지 않을 수 없었다. 발이 제일 시리고 손이 시리고 몸이 춥고 마음이 추웠다. 멀리 춥게 사는 사람들이 떠올랐다. 열흘 내내 따뜻했던 집이 그리웠다.

드디어 보일러를 갈고 난방수가 돌았다. 냉기를 몰아내느라 첫 날은 종일 보일러를 돌렸다. 그리고는 고장 나기 전 늘 돌리던 대로 운용했다. 이틀이 지났다. 실내온도는 추위만 면한 정도에 머물렀다. 저녁에 거실로 이불을 들고 나와 발을 덮어야 했고, 아침에는 이불 밑에서 나올 때 겉옷을 입어야 했다. 지난겨울 내내 살던 모습 그대로였다. 따뜻한 우리 집은 어디로 간 것일까.

아침밥을 지으며 여러 가지 생각에 젖는다. 지금 가슴 시린 일이 지나고 보면 따뜻한 추억이 된다는 사실을 보일러를 갈고서야 다시 한 번 깨닫는다. 손발이 시리지 않을 정도의 난방만 했던 때를 아주 따뜻한 집으로 기억한 것처럼.

그러고 보면 백합 캤던 일 역시 재미있는 놀이가 아니었다. 간난의 세월을 건너기 위한 힘든 과정이었다. 모래를 긁어 담아 수없이 체를 흔들어야 몇 마리 백합을 잡을 수 있었다. 백합 몇 마리 잡기 위해 되풀이했던 힘든 손놀림은 기억에서 지워졌고 반짝반짝 윤나고 오묘한 색의 고 작은 백합만 기억에 남아있다.

좋은 기억이란 기뻤던 일, 성공했던 일이 아니라 어떤 상황에서 좋은 쪽으로 선택하려는 의도로 만들어진다. 봄 도다리처럼 고소한 기억을 남기기 위해 오늘도 체를 열심히 흔든다.

산삼

– 문득 아름다운 것과 마주쳤을 때 지금 곁에 있으면 얼마나 좋을까
하고 떠오르는 얼굴이 있다면 그대는 사랑하고 있는 것이다.

이문재의 〈농담〉에서

고사리 꺾으러 가자는 친구의 전화를 받고 나섰다. 고사리밭을 찾아 산골짜기로 들어갔다. 꼭 고사리를 꺾고자 해서는 아니었고 그 친구의 친절에 감동하여 나선 길이었다. 고사리를 많이 꺾겠다는 마음을 먹지 않아서인지 내 눈은 자꾸 다른 것을 찾았다. 그 순간 낙엽 사이로 밀고 올라온 작은 꽃 노루귀가 보였다. 노루귀가 발길에 차이고 밟히고 있었.

산속에서 노루귀 군락지를 보기는 처음이었다. 잎이 노루귀를 닮아 이름이 노루귀라는 것과 꽃가게에서 파는 야생화의 한 종류라는 둥 주절주절 아는 대로 읊조렸다. 내 말에 걸음을 멈춘 친구의

눈이 반짝 빛났다. 고사리 꺾기를 멈추고 노루귀를 캐서 봉지에 담았다. 친구네 집은 꽃밭이 넓으니 몇 포기 가져다 심으면 좋을 것 같아 같이 뽑아 주었다.

다시 친구는 고사리 꺾기에 여념이 없었다. 통통한 고사리만 골라 한줌 꺾어 나무 밑에 앉아 친구를 기다렸다. 그 자리에서 몇 해 고사리를 꺾어본 경험이 있는 친구는 고사리를 따라 자꾸 멀리 갔다.

나는 나무 밑을 돌며 다른 꽃을 찾았다. 노루귀가 자라는 조건이라면 깽깽이풀이나 앵초도 있지 않을까 두리번거렸다. 멀리까지 눈으로 훑어도 내가 찾는 꽃은 보이지 않았다. 잔잔한 꽃들이 핀 산 속이 어릴 때 뛰놀던 뒷동산 같았다. 비밀의 장소를 새로 알아낸 기분이었다.

다음 날, 친구에게서 다시 와 보라는 전화가 왔다. 어제 그 자리에서 산삼을 캤다는 것이었다. 산삼이라는 말에 얼른 달려 가 보았다. 그새 등바구니를 구해 이끼 위에 산삼을 뉘고 이끼를 이불처럼 덮어 두었다. 또 그것을 다락에 올려놓았다. 산삼 전문가 같았다.

생전 처음이라 조심스럽게 산삼을 들여다보았다. 크기는 새끼손가락만 하고 색도 거무튀튀해서 좀 실망스러웠다. 통통하고 밝은 색의 인삼과는 차이가 있었다. 그래도 잎이 생생하고 끝에는 빨간 열매가 달려 있었다. 원래 그런가 보다 하고 무슨 귀중한 물건을 다루듯 목소리도 발소리도 낮췄다. 누가 알세라 다락에 산삼을 두고 내려왔다.

친구는 노루귀를 꽃밭에 심어보니 양이 차지 않아 다시 그 자리에 노루귀를 캐러 갔다가 산삼을 캤다는 것이었다. 듣고 보니 산삼 캤다는 자리가 어제 내가 친구를 기다렸던 나무 밑이었다. 나무 밑에서 오줌을 누었는데 덕분에 밤새 자랐을 것이니 한 잎 달라느니 하면서 웃었다.

그 친구도 산삼을 캔 것이 처음이라 몹시 들떠 있었다. 그것을 어떻게 처리할 것인지 고민했다. 감정을 받아보고 싶어 했다. 나도 덩달아 얼른 감정결과를 알고 싶었다. 친구가 산삼을 차에 싣고 감정사를 찾아 나서는 것을 보고 집으로 돌아왔다. 그리고 며칠 후 산삼 소식을 다시 들었다.

친구는 감정 받은 산삼을 믹서에 갈아 남편과 둘이 마셔버렸다고 했다. 산삼 먹는 법과 먹은 후의 주의 사항을 그새 알아냈고 빨리도 처리했다. 유산균 음료에 뿌리와 줄기, 잎, 열매까지 넣고 갈아 마셨으며 그것을 공복에 마셔야 효과가 있다는 것까지 알고 있었다. 또 농담 같기도 해서 웃었는데, 산삼을 먹은 후 적어도 열흘 동안은 부부가 동침을 하면 안 된다는 것이었다.

그 말을 하는 친구가 전에 같지 않게 힘이 세 보였다. 피부도 매끄럽고 원래 초롱초롱한 눈이 더 반짝였다. 감자박스를 혼자 불끈 들어 옮겼다.

감자 한 봉지를 얻어들고 오는 내내 기분이 좋았다. 산삼은 친구가 먹었는데 요 며칠 내가 더 들떠서 보냈다. 산삼을 캐고 나를 부르다니. 산삼을 먹지 않고도 산삼 먹은 효과를 볼 수 있게 해준 친구가 고맙다.

단풍나무 숲

호반 길을 가끔 걷는다. 시에서 대청호 주변 여러 곳에 걷는 길을 내고 안전시설을 해놓았다. 그중 한 코스가 집 가까이 있으니 남다른 혜택이다. 장마 지나고 나왔더니 길 바로 아래까지 물이 찰랑찰랑하다. 바닥을 드러냈을 때는 물 걱정을 했는데 괜히 마음이 넉넉해진다. 갈대숲을 지나 지대가 낮은 곳에 다다르고서야 길이 물에 잠겨 끊긴 것을 알았다. 어쩔 수 없이 물이 들어찬 곳까지 가보았다. 한참 올라가다가 전에 보지 못한 단풍나무 숲을 발견했다.

단풍나무 일색으로 숲을 이룬 것으로 보아 오래전 누군가가 가꾼 것 같았다. 질척한 논둑을 가로질러 산길로 접어들었다. 소나무

밭에 먼저 닿았다. 향긋한 낙엽 냄새 흙냄새가 코끝을 간질였다. 마음이 들썽거리고 콧노래가 절로 나왔다. 맛있는 음식을 먹거나 아름다운 풍경을 만나면 그렇듯이 좋은 사람들이 떠올랐다.

발보다 눈이 먼저 숲에 닿았다. 붉은 단풍 사이로 노란 단풍 청단풍이 섞여 색의 조화가 아름다웠다. 빛을 내며 반짝이는 이파리가 어서 오라고 손짓하는 듯이 보였다. 산자락 하나 사이에 이런 곳이 있었는데 늘 다니던 길만 다녀 지금까지 보지 못했다.

숲 초입에 들어서자 수런거리는 소리가 들리고 비릿한 냄새도 났다. 멀리서 보던 것과는 달리 쇠파이프와 널빤지가 널브러져 발에 차였다. 길을 막았던 흔적 같았다. 개의치 않고 그것들을 넘어 숲 속으로 들어갔다.

둥치가 큰 나무 밑에 이상한 물체들이 놓여있었다. 놀랍게도 그것들은 개집과 닭장이었다. 그때라도 돌아섰어야 했는데 나도 모르게 더 깊숙한 곳으로 들어서고 말았다. 사람 기척에 개와 닭들이 먹이라도 기다린 듯 부산스럽게 움직였다. 고약한 냄새가 나고 벌레가 들끓었다. 조금 전에 느낀 아름다움은 어느새 사라지고 없었다. 도대체 아까의 그 아름다움이 어디에 있는지 몰라서 나무 밑에 멍하니 서 있었다.

모기가 극성을 부렸다. 개와 닭들의 성화에 한시도 있을 수가 없었다. 어디선가 주인이 나타나 무단 침입에 대한 책임을 묻지나 않을까 와락 겁이 났다. 단풍나무 이파리가 상처를 보이는 게 싫다는 듯 나가 달라고 손을 내젓는 것만 같았다.

놀라서 되돌아 나왔다. 논두렁까지 나와 아쉬움에 뒤돌아보니 단풍나무 숲은 처음 보았던 그대로 잠잠했다. 눈부시게 아름다웠던 그대로 그 자리에 있었다. 단풍나무 숲을 배경으로 사진을 찍었다.

단풍나무 숲도 본디 소나무 숲처럼 깨끗했을 것이다. 누군가 개집을 놓고 닭장을 놓아 벌레가 끼고 흙이 패어 뿌리가 드러났다. 잎이 마른 것도 그 탓이다. 호반 길로 돌아 나오는데 조금 전의 일이 처음이 아닌 것 같은 느낌이 들었다. 뽀얀 쑥을 캐려고 앉았다가 개똥을 보고 일어선 적도 있고, 아름다운 장미꽃에 다가갔다가 벌레가 낀 것을 보고 놀라 뒤로 물러난 적도 있다. 그러나 오늘의 기시감은 그런 경험 때문이 아니라 가까웠다가 멀어진 인연들에 대한 기억 때문이다.

사람도 누군가에 의해 파이고 상처 입는다. 또 그 상처를 들여다보는 눈이 싫을 수 있다. 자기의 약점을 보이고 싶은 사람은 없다. 나 역시 마찬가지로 누군가 너무 가까이에서 들여다본다면 부담스러울지도 모른다. 서로 마찬가지다. 그래서 적당한 거리에서 바라보기란 사람 사이에서 더 필요한 것이다.

시간이 지나면 오늘 보았던 모습은 잊힐 것이다. 누구에게 숲을 보여주더라도 적당한 거리에서 보게 하리라. 아름다운 숲이 가까이 있다는 것만으로 다행이다. 처음 반했던 모습 그대로 오래 보려면 거리 두는 것을 잊지 말아야 한다.

곶감과 풋감

세상에는 대비를 이루는 것들이 참 많다. 그중에 푸른 감과 붉은 감의 대비가 으뜸이다. 그 맛 또한 풋사랑과 완성된 사랑의 맛처럼 상반된다. 감나무에 새잎 돋는 것을 보고 마지막 남은 곶감을 정리한다. 떫었던 감이 어떤 힘에 의해 단맛으로 변했는지 신기하다. 완전한 단맛의 결정체 곶감을 입에 넣으며 문득 던져버린 풋감의 안부가 궁금하다.

입이 곤궁할 때마다 찾는 곳이 감나무 밑이었다. 채 익지도 않은 감을 베어 물고는 입안이 뻑뻑해 뱉어버리고는 다음 날이면 또 감나무 밑을 서성거렸다. 단맛이 들어있을 것 같아 베어 물어보나

매번 떫은맛에 던져버려야 했던 것처럼 단맛을 기대하며 사랑의 감정을 가졌으나 매번 떫기만 했던 나의 풋사랑을 떠올려본다.

가끔 할머니를 따라다닐 때였다. 이른 아침, 할머니가 나락을 이고 옆 마을에 갔다. 못자리할 때를 앞두고 씨 나락을 바꾸러 간 것이다. 어느 집에 도착해보니 그 집 식구들이 마루에 둘러앉아 아침밥을 먹고 있었다. 그 속에 까까머리 우리 반 반장아이가 보였다. 가슴이 콩닥콩닥 뛰었다. 다리가 후들거렸던 것 같기도 하다. 그날 아침의 일로 그 애와 난 특별한 인연이겠거니 하면서 혼자 가슴 설렜다. 그날의 영상을 오랫동안 가슴에 안고 살았다. 후에 해군이 된 그 애가 편지를 보내왔는데도 우리의 인연을 잇지 못했다.

앞집 선배의 책을 물려받았다. 물려받은 책 여기저기 달아놓은 토씨의 글씨가 얼마나 반듯한지 책글씨와 구분이 안 될 정도였다. 그게 멋지게 보이긴 해도 볍씨 바꾸러 갔을 때 이미 내 마음을 놓고 왔기 때문에 별다른 감정은 생기지 않았다. 그런데 중학생이 되었을 때 앞집 선배의 사랑이야기가 온 동네에 퍼졌다. 어느 날 저녁, 자리에 누웠는데 갑자기 꼭 무엇을 뺏긴 기분이 되었다. 뒷집에 내가 사는데 왜 먼 데 사는 누군가를 좋아하는 것일까 하는 의문을 품었다. 떫은 감을 베어 물었을 때처럼 입속이 뻑뻑했다.

그 무렵 중년의 영어 선생님이 나타났다. 단정하게 자른 스포츠형 머리, 단순한 양복 차림, 우수에 찬 옆모습이 여학생들의 마음을 흔들었다. 그러다 선생님의 특별한 사연을 알게 되었고 그게 좀 슬펐다. 선생님과 이웃해 사는 친구의 말에 의하면 영어 선생님이 폐결핵에 걸려 얼마 못 산다는 것이었다.

선생님을 기쁘게 해 드리기 위해 평소에 싫어하던 영어 공부에 매달렸다. 아궁이에 불을 때면서도 부지깽이로 단어와 문장을 써 보면서 외웠다. 그렇게 공부를 시작하고 얼마 안 되어 갑자기 영어 선생님이 전근을 가셨다. 아이들은 전근을 가신 것이라 알았지만 난 아마 돌아가셨을지도 모른다는 짐작을 했다. 그때부터 슬픈 시나 노래의 의미를 나에게 적용하기 시작했다.

또 한 번은 스킨로션 향기 폴폴 풍기는 교련선생님이었다. 우리는 선생님은 좋아해도 교련은 무척 싫어했다. 선생님만 만나면 '교련해요, 안 해요?' 습관처럼 물었다. 비가 보슬보슬 내리는 날, 운동장에 계신 선생님을 향해 누군가 이층 복도에서 "선생님, 교련해요?" 하고 외쳤는데 선생님께서 "그래, 교련해." 하고 답했다. 옆에서 듣고 있던 아이가 교실에 들어와 "교련선생님, 결혼한대."라고 큰 소리로 전했다. 순식간에 교련선생님 결혼한다는 소문이 퍼졌다. 교련선생님을 좋아했던 아이들이 일제히 복도로 나와 "선생님, 결혼하지 마세요."를 외쳤다. 나 역시 목이 터져라 '결혼하지 마세요.'를 외쳤다.

손에 들었다가 던져버린 풋감과 앞니로 콕 찍어본 풋감은 아쉬울 것도 없다. 덥석 한 입 베어 물고 어떻게든 목으로 넘겨보려 했던 그 감, 몇 개는 조금은 아쉽다.

곶감은 달다. 풋감에서 성급하게 단맛을 찾으켜고 했던 때가 있었기에 지금 먹는 곶감이 달다는 것을 안다. 그렇게 찾던 단맛을 지금은 완전히 응축해 보관해 두고 야금야금 꺼내 먹는다. 때로는 보관해둔 것을 까맣게 잊어버리기도 한다. 아직도 한 봉지 남았다.

그런데 무슨 일인지 감나무에 풋감이 달리는 계절이 오면 그 떫은맛이 그립다.

갈비와 갈쿠리

마치 카펫을 깔아 놓은 듯하다. 전체적으로 노란색이 분명하나 아직은 푸른 기가 완전히 빠지지 않은, 그래서 주황색 같기도 한, 그 오묘한 색에 감탄이 절로 나온다. 배우들이 레드카펫을 걷기 위해 드레스를 차려입듯 무슨 예를 갖추어야 할 것만 같다. 특히 나 같은 사람은 무심히 밟고 지나칠 수가 없다. 반짝이는 노란 솔가리가 그때의 내 앞에 이렇게 펼쳐져 있었더라면 하고 한 움큼 집어본다. 허허로운 가슴에 온기가 돈다.

그때는 산 바닥이 파이도록 솔가리를 검으러 다녔다. 말라서 땅에 떨어진 솔잎이 솔가리다. 고향에서는 그것을 갈비라고 불렀다.

늦가을부터 초겨울 사이 바람이 살랑살랑 부는 날에 갈비가 많이 떨어진다. 갈비는 불꽃을 내면서 타기에 연기가 덜 나고 화력이 좋다. 연탄을 때기 전까지 우리 집은 갈비로 밥을 짓고 온돌방을 데우고 소죽을 끓였다.

가을걷이가 끝나고 서리가 내릴 즈음부터 동네 사람들 너나 할 것 없이 땔감을 구하러 나섰다. 산이 있고 남자가 있는 집에서는 장작을 마련했고, 여자만 있는 집에서는 주로 갈비를 검었다. 주인이 사납게 지키는 산은 얼씬도 못하고, 주인이 먼 데 살거나 간섭이 느슨한 집의 산에서 갈비를 검었다. 늦가을부터 초겨울 사이에는 소나무 숲에 들어가면 오달진 황금색 갈비가 쫙 깔려있었다. 그런 날은 큰 나뭇짐을 이고 개선장군처럼 집으로 돌아왔다. 그러다 갈비가 귀해지는 깊은 겨울이 되면 나뭇짐은 베가만 해지고 나무하는 재미가 없어졌다.

갈비가 아무리 많아도 갈퀴가 없으면 검을 수가 없다. 우리는 솔가리를 갈비라 했던 것처럼 갈퀴는 갈쿠리라 불렀다. 대나무 쪽 끝을 갈고랑이지게 휘어 발을 만들어 열두 개 정도를 부챗살처럼 펴서 아이 키만 한 대나무 자루 끝에 모아 칡 끈으로 맨 것이 갈쿠리다. 새 것은 힘을 많이 실을 수 있어 갈비를 긁어모으기가 수월했다.

갈쿠리가 한 집에 보통 서너 개씩 있었다. 우리도 파란 기가 가시지 않은 짱짱한 새 갈쿠리와 색은 노랗게 변했으나 아직은 단단한 작년 갈쿠리 그리고 낡은 갈쿠리 두 개까지 네 개였다. 새것은 빡빡

하고 헌 것은 헐렁해 적당히 길이 난 작년 갈쿠리가 갈비를 검는 데 알맞았다. 나뭇짐을 묶는 데 쓸 새끼줄을 갈쿠리 막대에 끼워 그것을 어깨에 걸고 산에 갈비 검으러 갔다. 동네 여자들이 모여 아침나절과 저녁나절로 하루에 두 번 다녔다.

갈쿠리는 낡은 순서로 아래로 내려왔다. 엄마는 파란 갈쿠리, 언니는 노란 갈쿠리, 나는 재작년의 회색 갈쿠리였다. 동생은 발이 반만 남은 갈쿠리에 고구마 보자기를 끼워 졸래졸래 따라왔다. 내 것은 이가 빠지고 헐렁해진 것을 아버지가 칡덩굴로 다시 매준 것이었다. 내 나뭇단이 베개만 한 것은 힘없이 휘청거리는 갈쿠리 탓이라고 생각했다. 엄마 갈쿠리랑 바꾸자고 떼를 쓰면서 한동안 나무하러 다니다 보면 어느새 나뭇단으로 뺑 둘러 울타리를 만들었다. 울타리에 쌓고 헛간을 채우고 부엌 나뭇간에도 천장까지 닿으면 남부러울 것 없었다.

겨울 채비가 끝나면 어른들은 다른 일을 보고 아이들만 슬렁슬렁 놀기 삼아 땔감을 구하러 다녔다. 땔감을 하기보다는 자치기나 고무줄놀이에 정신을 팔았다. 어떤 날은 어두워질 때까지 놀다 생솔가지를 잘라 휘적휘적 들어오곤 했다. 놀다가 들어와도 따뜻한 밥과 아랫목이 기다리고 있었다.

따뜻한 아랫목에 자식들을 품기 위해 짱짱한 갈쿠리처럼 힘이 셌던 엄마는 듬성듬성 이가 빠지고 닳은 헌 갈쿠리가 되었다. 그때 헌 갈쿠리는 아버지가 고치고 재편성을 했는데 지금 엄마는 병원에 가서 빠진 이를 해 넣고 아픈 무릎을 고친다. 고쳤으니 아직은 쓸 만하다며 바닷가 하우스 안에서 굴을 깐다.

언니도 노란 갈쿠리처럼 편한 나이가 되었다. 엄마보다 갈비를 많이 해다 날랐던 언니는 지금도 우리 가족의 중심이다. 우리 집이 따뜻한 것은 언제나 언니 덕분이다. 지금도 나는 단단한 갈쿠리 역할을 하지 못한다. 그때나 지금이나 동생과 나는 언니한테 의지한다. 갈비가 깔린 산길을 그냥 지나치지 못하는 이유는 어쩌면 그래서일 것이다.

우리 집의 갈쿠리 네 개처럼 엄마와 우리 세 자매가 있다. 지금은 정을 갈비처럼 긁어모으며 산다.

내리사랑 치사랑

　　부모자식간이라고 꼭 내리사랑만 있는 것은 아니다. 딸 둘에게 돌려받고 싶은 게 있다. 먹이고 입히기만 한 것이 아니라 넓은 세상을 알게 하기 위해 여행을 많이 데리고 다녔다. 업고 안고 손잡아 끌어주느라 다리가 붓고 허리가 아파도 자식을 위한 일이라 감수했다. 지금 더 넓은 세상으로 나간 아이들이 치사랑으로 갚아야 마땅하다.
　　아이들이 어릴 때는 언감생심 외국여행은 꿈도 꾸지 못했다. 국내여행도 제대로 못하는데 외국여행은 무슨, 하는 마음이었다. 그래서 남들이 여행용 가방을 장만하여도 따라 장에 가지 않았다.

앞집 여자가 영어회화를 공부할 때, ≪좋은생각≫이나 읽었다. 또 다른 이유는 비행기 타는 게 무서웠다. 외국여행을 쉽게 가는 시대라고는 해도 여러 가지로 어려웠다.

외국 여행은 관두고 국내여행이라도 제대로 가길 바랐다. 여행에 대한 아쉬움을 이야기하면 남편은 당신이 안 가본 데가 어디 있느냐고 하지만 그건 자기 합리화다. 여행이라면 집이 아닌 다른 곳에 가서 쉬면서 유람하는 것이라고 본다. 그런데 땀 흘리며 산을 오르는 것은 훈련이지 여행은 아니다. 그것도 여행으로 본다면 대한민국 동서남북 산은 많이 올랐다. 물론 오가며 관광지에도 들렀다.

다른 집 남편들은 아이들 뒷바라지해서 대학 보내고 나면 차도 바꿔주고 외국여행도 보내 준다는 이야기를 굳이 들먹이며 난 보내줘도 가지 않겠다고 큰소리를 쳤다. 형편만 되면 열두 번이라도 보내줄 남편이기에 혼자 묻고 답하면서 선수를 친 것이다. 물론 자기위안이다. 보내주면 못 갈 것도 없다. 그러던 나도 아이들 덕분에 외국을 몇 번 가게 되었다.

첫 외국여행지를 이탈리아로 정해 두었다. 작은아이가 어릴 때 책을 읽고 가고 싶어 하니 먼 후일의 일이라 달래기 위한 방편이었다. 이탈리아였다면 엄두도 내지 못했을 가족여행을 가까운 일본이라 나서게 되었다. 첫 외국여행을 작은아이 견문 길에 갑자기 따라 나서다 보니 구체적인 계획을 세우지 못했다. 대신 딸 둘이서 일정을 빼곡히 적은 수첩을 건네주었다.

삼박사일 여행 중 마지막 하루만 같이 다니고, 나머지는 딸들과 우리 부부의 일정이 달랐다. 저네들은 디즈니랜드나 번화가로 가면서 우리를 하코네, 후지산, 신사 같은 곳으로 잡아놓았다. 몇 정거장 가다가 내려서 오른쪽으로 돌아 몇 미터를 걸어라 등등 구체적인 내용을 적은 수첩만 남기고 숙소에서 먼저 나가버렸다.

우리를 노인네라고 생각했는지, 아니면 일본하면 온천여행을 빼놓을 수 없다고 들었는지 온천목욕도 넣어놓았다. 하코네에서 돌아오는 길에 아이가 시킨 대로 내려 보니 온천 지구였다. 어느 온천장에서 얼마를 내고 몇 시간 동안 목욕을 하고 도쿄로 돌아오는 기차를 타면 신주쿠역에서 저네들과 만나 저녁을 먹고 숙소에 들어가자는 거였다. 우리는 말할 것도 없이 온천에 들어가지 않았다. 열이 많다느니 기운이 빠졌다느니 그건 핑계일 뿐 사실은 비용을 아껴야 한다는 형편을 말하지 않아도 알았다. 기차역 벤치에 앉아 시간을 때웠다. 그렇게 소극적으로 첫 번째 여행을 다녀왔었다.

그러다 작은아이가 대학생이 되어 일본으로 공부하러 갔다. 아이가 머무는 기숙사는 꽤 넓었다. 서울의 기숙사에서는 룸메이트가 있어 가족이 드나들지 못했는데 일본의 기숙사는 혼자 생활하니 어느 정도 자유로웠다. 미니 밥솥에, 냉장고어, 독립생활이 감개무량한지 통신 카메라로 방을 비춰주었다. 숙식 해결할 곳이 생기자 여행 계획을 세웠다. 벚꽃이 피면 일본의 남쪽지방을 돌아보기로 했다.

설레는 마음으로 비행기를 탔다. 혼자서는 처음으로 출국수속을 밟고 입국심사를 거쳤다. 택시를 타고 아이가 사는 곳에 도착했다. 가방 속의 노트북을 꺼내놓으라는 검색원의 말에 겁먹고, 문을 직접 열지 않는 택시를 타느라 이미 기운이 반쯤은 소진된 상태였다.

그래서 그런지 여행 내내 세 걸음에 다리가 아팠다. 목이 자주 말랐고, 물을 마시면 또 화장실에 가고 싶었다. 차 마시고 싶다, 앉고 싶다, 배고프다, 아이한테 어리광을 피웠다. 비까지 내려 결국 계획했던 몇 곳을 가지 못하고 여행이 끝났다. 고기만 먹어본

사람이 잘 먹는 게 아니라 여행도 가본 사람이 기분 낸다더니 정말 그랬다.

학기를 마치고 집으로 돌아온 아이는 엄마랑 여행하기는 쉽지 않다며 제 아빠와 언니에게 푸념이었다. 듣고 보니 아이와 여행할 기회가 쉽지 않을 텐데 두 번째 여행도 알차게 보내지 못했다. 다시

는 엄마랑 여행하지 않겠다는 말을 막기 위해 체력적으로 어쩔 수 없었다는 변명을 늘어놓았다.

  아이들과 여행할 기회가 다시 오기를 기다리는 중이다. 아침마다 걷기운동을 하며 다리에 근력을 기르고 있다. 이탈리아를 같이 여행하기로 한 것을 유효하게 하려면 ≪좋은생각≫이나 읽을 게 아니라 외국어 공부도 해야 한다. 딸과 함께 떠나는 여행, 그게 자주 오는 기회는 아니다. 그래도 구시렁거리면 마지막 무기는 있다. 너희들이 어릴 때 물먹고 싶다 하면 물 먹이고, 다리 아프다 하면 업고 다닌 걸 돌려달라고 하면 된다. 저 혼자 커서 지금이 있는 게 아니라는 걸 알려줄 것이다. 기억은 약한 자의 마지막 무기다.

4

풀꽃
꽃밭의 운명
비밀의 문
투명인간
그럼에도 불구하고
절호의 기회
열무 다섯 단
단단한 뿌리
어메이징 그레이스
발자국 속의 별
이것 또한 지나가리라
바느질하는 이유

풀꽃

　겨울 맞을 채비도 하기 전에 첫눈이 기습적으로 많이 도 내렸다. 출근하는 남편을 배웅하고 들어오다 몽실몽실 하얀 눈꽃이 핀 화단 앞에서 걸음을 멈춘다. 겉옷을 여미고 눈밭에 앉는다. 꽃을 툭 건드려본다. 눈이 소르르 쏟아지고 마른 풀꽃이 드러난다. 세월 앞에 속절없는 듯 붉은 기는 완전히 사라졌다. 풀꽃의 일생을 되짚어 본다.
　태초에 예정되어 있었는지 작은 씨 하나 생겨났다. 우주 공간 귀한 인연 만나 경쟁자들 물리치고 운 좋게 터를 잡았다. 따뜻한 바람과 햇볕을 받아들여 발아되었다. 한 송이 풀꽃의 시작이었다.

온몸으로 흙을 밀어올렸다. 겨우 고개를 들어 아름다운 세상으로 첫발을 내딛었다. 먼저 나온 꽃들이 방긋 웃으며 반겨주었다. 찬 비바람을 막아주는 나무도 든든하게 옆에 서 있고 노래하는 새들도 나뭇가지에 깃들어 있었다. 풀꽃으로 태어나 존재감은 별로 없었으나 외롭거나 슬프지는 않았다. 목이 마르면 뿌리를 뻗쳐 수분을 흡수하고 배가 고프면 영양분을 충분히 끌어당겼다. 통통하게 살이 올랐다.

누군가는 귀하게 바라봐 주고 누군가는 있으나마나하게 바라보았다. 풀꽃을 알아보는 이의 말을 귀담아 들었다. 사랑을 받으면 빛나는 법. 물이 올랐다. 봉긋 움이 생겨났다. 아리한 아픔이 느껴졌다. 봉오리가 자라는 것이 설레면서도 부끄러웠다. 바람에 굴러가는 나뭇잎을 붙잡아 봉긋한 곳을 가렸다. 속으로 성숙되어 꽃봉오리가 터지려했다. 더 이상 숨길 수 없었다.

이제 막 터져 나온 꽃봉오리는 붉었다. 누구나 겪는 과정이긴 해도 처음에는 벅찼다. 여리고 붉은 꽃잎이 한 장씩 한 장씩 소리 없이 피었다. 활짝 피기 바로 전 눈부신 시기였다. 눈여겨보지 않던 사람들까지 걸음을 멈추었다. 찬사를 아끼지 않았다. 다른 사람을 데리고 와 보여주기까지 했다. 존재감이 별로 없었을 때를 생각하면 꿈만 같은 일이었다. 더욱 붉은 색을 내려고 발돋움했다. 알맞은 때에 한 차례 옮겨 심어졌다.

옮겨진 자리에서 여느 꽃처럼 활짝 피었다. 대궁이 큰 꽃들이 둘러싸고 있었다. 그것들은 작은 바람에도 서걱서걱 소리를 냈다. 풀꽃은 기가 죽었다. 상처 받는 꽃 없이 조화롭기를 바랐다. 풀꽃으로서는 힘에 부치도록 애를 쓰느라 자신을 보듬는 일은 뒷전이었다. 그런대로 어우렁더우렁 살았다.

  속절없이 시간만 흘렀다. 키 큰 꽃들은 배려를 모르는 듯 햇볕 쪽으로 키를 높여갔다. 그럴 때마다 풀꽃은 서운한 마음 금할 길이 없었다. 정오의 햇볕에 아무도 모르게 겉장의 석이 바라기 시작했다. 정수리가 뜨거운 날은 차라리 시간이 빨리 흐르기를 바랐다. 그러다 선선한 바람이 불어오는 저녁이 되면 어느새 뜨거웠던 낮

을 까맣게 잊어버리곤 했다. 그래도 여전히 누군가 들여다보고 귀하게 여겨주니 더 바랄 것도 없었다.

풀꽃은 시나브로 색이 옅어졌다. 붉은 꽃잎 한 장 떨어졌다. 붉은 꽃으로 필 시간이 얼마 남지 않았다는 신호였다. 미련이 없는 것은 아니나 어쩔 수 없는 일이었다. 가을부터는 한꺼번에 두세 장씩 떨어져 나갔다. 주위의 꽃들은 아직 색을 잃지 않았건만 생각보다 빠른 쇠락이었다. 남은 꽃잎을 겨우 피우곤 하다 늦가을부터 다시는 꽃을 피울 수 없었다.

붉게 피는 동안 누린 것들에 감사해야 할 시간이 되었다. 윤회를 꿈꾸는 풀꽃. 가만히 주위를 살핀다. 몇 개 떨어뜨려 놓은 씨앗이 저만치 보인다. 후딱후딱 지나가는 시간 앞에 언제까지나 젊음을 유지할 수 없다는 순리를 깨닫고 더욱 자세를 낮춘다. 희망을 속삭이던 새들 위로의 공연이나 하듯 곁으로 날아와 춤추고 노래한다.

풀꽃을 그들에게 내어주고 일어선다. 햇살이 눈꽃에 닿는다. 조용하고 평화로운 아침이다.

꽃밭의 운명

우리 동네에는 집집마다 꽃밭이 있다. 꽃밭은 이웃 간에 정답게 지낼 수 있는 매개체가 된다. 지나다닐 때마다 자연스레 꽃밭으로 눈이 가는데 그 끝에 주인이 서성거리고 있을 때가 많아 저절로 안부 파악이 된다. 꽃밭의 크기나 심은 꽃의 종류는 다 다르다.

특히 동네 가운데 나란히 있는 세 집의 꽃밭이 특이하다. 그중 사립문 양쪽에 채송화만 피는 집은 역사가 오래되어 보인다. 내가 지나다니면서 봐온 지도 십여 년에 가깝다. 해마다 그 자리에 채송화가 핀다. 채송화는 한해살이 꽃이니 엄밀히 말하면 작년의 꽃은

아니다. 자연 생태학적으로 보이지 않을 만큼씩이라도 변화하고 있었을 테니까. 주인의 성향이 보수적이 아닐까 짐작해본다.

 또 한 집은 따로 꽃밭을 구획지어 가꾸는데 근래에 들어 갑자기 변화가 일어났다. 내가 어릴 때 보았고 우리 할머니가 소녀였을 때부터 피었을 것 같은 채송화, 봉선화, 맨드라미, 금잔화, 분꽃만 피었는데 언제부터인가 플록스, 아이리스, 장미 같은 꽃이 섞여 핀다. 우리 꽃밭과 비슷한 형태가 되었다.

 새로운 꽃이 들어선 꽃밭을 보면서 전통이 훼손되었다는 시선과 색다른 꽃이 피어 발전을 이루었다는 두 가지 시선이 있었다. 문제는 그때그때 다른 주인의 대답이었다. 원래의 꽃밭을 아쉬워하는 쪽에는 저절로 씨가 날아들어 터를 잡고 피어 어쩔 수 없는 일이었다 하고, 새롭게 바뀐 꽃밭이 훨씬 보기 좋다는 쪽에는 자기가 의도적으로 가꾸었다고 말하는 것이었다. 주인이 양쪽의 눈치를 보니 꽃밭이 어떻게 바뀌어갈지 궁금하다.

그 옆에 플록스, 아이리스 같은 늘 새로운 꽃만 가꾸는 꽃밭이 있다. 꽃의 유행을 읽을 수 있게 해주는 부지런한 주인이다. 자기 집의 꽃만 꽃이라는 은근한 자랑만 없다면 괜찮을 듯하다. 진보적 성향은 좋으나 잘난 체가 문제다.

원래의 꽃밭을 그리워하는 이는 잘난 체하는 집 꽃밭에서 씨가 퍼져 전통을 훼손했다며 싫어하고, 걸음을 멈추고 새로운 꽃에 찬사를 보내는 이는 그 덕에 꽃밭이 진화되었다고 좋아한다. 주인의 두 가지 대답과 주관적으로 보는 시선에 동네 가운데 꽃밭의 역사는 엇갈리게 생겼다. 요새 뉴스거리가 되고 있는 역사교과서 논란 같다. 진보와 보수의 대결인지 참과 거짓의 문제인지 모르지만 논란은 스트레스다.

사람은 주관적이고 편향된 인식을 하기 쉽다. 나 역시 주관적일 수도 있으나 매사에 다른 사람보다 덜 주관적이라는 자부심을 심정적으로 가지고 있다. 처음 싹이 돋았을 때 그냥 둘까 뽑아 버릴까 망설였을 주인을 생각하면 의도했다고 보아야 한다. 잡초로 규정하고 뽑아버렸다면 지금의 꽃밭은 없었을 것이다. 변화를 주려고 한 때에 씨가 날아들었는지, 씨가 날아들어 변화가 왔는지 따지지 말았으면 좋겠다.

  새로 들어온 꽃이 원래의 꽃을 집어먹지도 않았고, 원래의 꽃이 새로 들어온 꽃을 내치지도 않았다. 그러니 전통을 고집했던 사람도 그냥 받아들였으면 하는 바람을 가져본다. 전통을 고집한다고 꼴통이라 부른다든지 새로운 것을 쉽게 받아들인다고 좌파라 비난할 필요도 없다. 여러 종류의 꽃이 세계 각국에 동시다발적으로 퍼지는 시대다. 새로운 꽃을 심되 채송화도 봉선화도 버리지 않으면 된다.

  과거보다는 현재가 중요하다. 원래의 꽃을 지키는데 공을 세웠다느니 공치사하는 것은 봉선화로 손톱에 물들일 욕심에 생겨난 것일 수도 있다. 또 기질적 반골의식으로 꽃밭의 변화를 고집하는 것은 아닌지 냉정할 필요가 있다. 자기 욕심을 차리기 전에 여러 사람이 보는 꽃밭의 조화를 생각해야 한다. 꽃밭은 주인에게 맡기고 한 걸음 떨어져 구경이나 하면 된다.

  양쪽 누구의 눈치도 볼 필요 없는 여건이 조성되면 주인이 마음 놓고 조화로운 꽃밭을 만들어 갈 것이다. 덜 주관적 입장에 선 사람이 많아야 아름다운 꽃밭을 기대할 수 있다.

비밀의 문

원하면 이루어진다. 그냥 앉아서 간절히 원한다고 한 순간 바라는 일이 이루어진다는 뜻은 아니다. 분명한 것은 그것을 향해 촉수를 뻗치고 있어야 인연이 닿는다. 끌어당김의 법칙은 생각에 반응하게 되어 있다.

누구나 비밀의 문을 열 수 있다. 요원한 일이라 여겼던 일이 어느 날 이루어지는 것을 보면 어쩌면 사는 것 자체가 비밀의 문을 열기 위한 몸부림인지도 모른다. 살다보면 생각한 대로 일이 된다는 맛을 느낄 때가 있다. 초점을 맞추고 있으면 비밀의 문을 열 수 있는 마법사는 누구라도 될 수 있다.

　가끔 들르는 가게가 있다. 소품을 파는 곳인데 마음에 드는 공예품이 더러 있어 근처를 지날 때마다 들른다. 여주인의 남편이 손글씨를 쓰고 그림을 그려 엽서와 달력을 만들고, 나무를 깎아 공예품을 만든다는 사실을 알게 되었다. 남편은 작업장에서 부인은 가게에서 그 구조도 믿음이 갔다. 나무토막이 생긴 모양대로 아이디어를 내어 만든 공예품이라 대부분이 단 한 개뿐이다. 한 개뿐이라서 보다는 작은 나무토막을 보고 그것을 생각해냈다는 것에 마음이 간다.

　또 그 집 엽서에는 한 줄짜리 정형시 '하이쿠' 같은 느낌을 주는 글과 그에 맞는 그림이 그려져 있다. 대부분 마음을 데워주는 문장과 그림이다. 그 엽서를 혼자 보기 아까워 두 장을 마주보게 코팅해서 집 뒤 산으로 오르는 길 초입의 벚나무가지에 걸어 두었다. 물론 마당의 화살나무 가지에도 걸어두고 본다. 꽃이 없는 겨울에는 그것이 꽃 같다.

세월이 지나면서 그 집 물건을 여러 개 가지게 되었고 어떻게 사용하고 있는지를 이야기하다 보니 안면을 트게 되었다. 안면을 트고부터는 사는 이야기도 나누고 안부를 물을 정도가 되었다. 시골에 산다고 했는데 거창하게 전원생활을 하는 사람으로 대하며 갈 때마다 얼마나 좋으냐고 묻는다.

필요한 게 있어서 들른 날이었다. 전원주택에서 살고 싶은 소망이 있다고 했다. 그렇게 이것저것 묻다가 경제적 여유가 없으니 요원한 일이라며 말을 툭 자르고 입을 다물었다. 간절해 보이는 그 바람이 몇 년 전 내가 품었던 생각과 비슷했다. 그래서 그 사람이 말을 그만두고 나서까지 꼭 이루어질 것이니 생각을 계속하라는 주문을 했다. 시큰둥해하는 표정을 읽고 열없어서 혼자 떠들던 이야기를 마무리 짓고 나왔다.

그날 부탁했던 물건을 만들어 두었을 만큼 시간이 지나 다시 들렀다. 그랬더니 여주인이 희색이 만면해서 날 반겼다. 그렇잖아도 기다리고 있었다면서 그간 일어난 일을 들려주었다.

너무도 우연찮게 기회가 찾아왔다고 했다. 남편의 작업장 세를 올려줄 돈이 없어서 고민하던 중 마당이 있는 집을 소개 받게 되었다는 것이다. 마당이 있는 집에 살고 싶은 소망과 남편의 작업장이

비밀의 문　**153**

동시에 해결되었고, 아파트를 처분한 돈으로 집을 사게 되어 추가 비용이 들지 않았다는 것이다. 지금 집을 수리하고 있는 중인데 정말 꿈만 같다고 했다. 그 일들이 이루어지는 동안 나를 생각했다고 하면서 눈물이 글썽했다. 덩달아 어찌나 기쁘던지 흥분은 내가 더 되었다. 집으로 돌아오는 내내 웃었다. 이렇듯 언젠가는 비밀의 문은 열린다.

생각은 끌어당기는 힘이다. 생각은 창조의 힘을 가졌다. 좋은 생각을 하면 좋은 일이 일어난다. 좋은 생각을 하면 기분이 좋다. 기분이 좋은데 부정적인 생각을 하지는 않는다. 마음에서 일어나는 생각들이 외부로 드러난 것이 바로 삶이다. 끌어당김의 법칙은 오늘, 지금도 작용한다. 이 비밀을 안다면 어떤 문도 열 수 있다. 오늘은 어제의 생각이 데려다 놓은 자리이며, 빛나는 내일을 원한다면 오늘 좋은 생각을 하면 된다.

투명인간

빼는 순간 백과사전도 파지가 되었다. 책이라면 무조건 쌓다보니 더 이상 두고 볼 수가 없어서 대대적인 정리에 나섰다. 바닥에 쌓아둔 책이라도 올려 꽂기 위해 우선 책꽂이의 책부터 살폈다. 그동안 몇 번 정리를 하고 둔 책이라 생각만큼 자리가 만들어지지 않았다. 매번 정리의 대상에서 제외됐던 백과사전을 과감하게 뺐다.

여러 뭉텅이로 나누어 끈으로 묶었다. 말끔해진 책방을 다시 한 번 둘러보았다. 미련이 없었다. 다른 때 같으면 창고에 쌓아 둘 헌책을 차에 실었다. 장에 다니면서 보아두었던 고물상으로 갔다. 헌

책을 넘겨주고 나오려는데 차 뒤에 파지를 실은 리어카 한 대가 다가와 섰다.

손에 신문지 뭉치를 든 노인이 차를 보고 리어카를 한쪽으로 뺐다. 얼른 차를 몰고 나오는데 운전석 옆에 던져 놓은 지폐 두 장과 리어카를 빼준 노인이 오버랩 되었다. 노인의 리어카에 내려놓았더라면 좋았을 걸 들어갈 때는 왜 보지 못했을까. 짧은 순간에 돈을 노인의 리어카에 내려놓는 결단을 내리기는 어렵기만 했다. 장보러 가는 내내 뒤가 편치 않았다. 돈을 쉬 챙겨들지 못했다.

장 앞 도로에서 누군가 어깨를 툭 쳤다. 작은 수레에 몸을 의지한 할머니였다. 놀라서 물러났다. 횡단보도의 사람들이 물러나고 남루한 할머니 혼자 선두에 섰다. 수레에는 몇 개의 빈 박스가 얼기설기 실렸다. 할머니는 차선의 반을 점령해 들어가서는 신호를 기다렸다. 느린 걸음으로 건너려면 그 정도 준비를 하고 있어야한다.

사람들이 수군거리는 말을 들었다. 할머니 명의로 건물이 있으며 잘된 아들이 있다는 것이다. 실제로 아들이 잘 사는지 딸이 착한지는 알 수 없다. 밤낮으로 거리를 헤매며 교통을 방해하는 할머니 대신 욕을 먹는 몹쓸 자식들일 뿐이다. 자식인 우리는 회색도시의 시민이다. 파지 줍는 노인들 눈에는 자식인 우리가 보이지 않고 자식인 우리 역시 그들을 못 본 체한다.

옆집 할아버지는 이제 감각이 없다. 아들도 며느리도 손자도 알아보지 못한다. 육체도 정신도 굳어버렸다. 온기를 느낄 수 있을

때 손을 잡았어야 했다. 아들이 손을 잡아도 반응이 없다. 밥상을 들고 온 며느리를 식당아주머니 취급한다. 볼일 본 것을 헌 신문지에 싸서 손자의 책상서랍에 넣어둔다. 아들과 며느리가 난감해하니 더 깊숙이 옷장 속에 숨긴다. 그것을 손자에게만 먹이고픈 알사탕으로 여기는 게 틀림없다. 본능적인 사랑의 불씨가 아직은 완전히 꺼지지 않았을지도 모른다.

  할아버지가 세상과 통하는 길은 부인이었다. 부인이 아닌 다른 길을 넘겨다볼 여유가 없었다. 유일한 통로였던 부인이 바빠지면서 세상과 단절되어갔다. 수영장으로 노래교실로 나가버린 부인을 기다리다 혼자 라면으로 끼니를 때우는 횟수가 늘었다. 혼자의 시간이 길어지면서 몸도 마음도 점점 작아졌다.

할아버지도 한때는 귀한 손자였고 자식이었다. 청운의 꿈을 품은 멋진 청년이었다. 한 여자의 남편이었고 아이들의 아버지였다. 자식들이 자라면서 할아버지는 일만하는 기계가 되어갔다. 기계가 된 것까지는 괜찮았다. 가족들에게 투명인간이 되고 만 것이다. 투명인간이 되어 거리를 헤매는 할아버지를 때늦게 아들이 모셔왔다. 아들은 이제야 아버지가 보인다.

존경받고 대접받으면서 편한 노후를 보내기는커녕 옆집 아이의 할아버지는 파지 줍는 일을 마지막으로 병원에 갇히게 되었다. 아들이 매주 면회 가서 말을 걸어도 대답이 없다. 길을 비켜달라고 외치는 소리를 들을 때와 다를 게 없이 그저 멍하니 어딘가를 응시할 뿐이다. 파지 리어카를 세워둔 회색도시를 그리워하고 있는지도 모른다.

병원에 갇힌 옆집 할아버지가 하루빨리 퇴원해서 다시 가정으로 돌아올 수 있는 날, 건널목을 건너는 할머니가 우리를 투명인간 취급 하지 않는 날, 도시는 다시 푸를 것이다. 그런 날을 기다리며 더 늦기 전에 서로 투명인간 취급하는 것을 멈추어야 한다. 서로 손을 잡아야 한다. 우리는 모두 따뜻한 체온을 가졌다.

그럼에도
불구하고

어린 새 어제보다 멀리 날았다. 초록 이파리 검푸른 빛이 돌고 여름 꽃 한 송이 피었다. 밟혔던 질경이 고개를 들었다. 어떤 조건에서도 모두 앞으로 나아간다. 살아야 하니까. 움직여야 한다. 하지만 사상 최고 기온을 갱신하고 있는 오늘은 움직이고 싶지 않다. 달아나고 싶다. 그러나 결국 달아나지 못한다.

또 하루를 견딜 수 있을지. 집 아닌 다른 곳으로 가야 할지. 몇 군데 머릿속으로 그려보다 그냥 주저앉는다. 아무리 생각해도 집보다 나은 곳이 집히지 않는다. 냉방장치가 가동되는 은행이나 쇼핑센터 같은 데를 가려면 옷차림이 기본 예의는 갖춰야 한다. 그게 귀찮아 그냥 집에서 얇은 옷만 입고 더위와 맞설 차비를 한다. 맞설 차비를 했으나 사실은 좀 무섭다. 집안일은 미뤄두고 최소한의 호흡으로 견딘다.

시간은 어김없이 흘러 저녁때가 되었다. 밖은 용광로 같고 집안은 숯가마 같다. 숯가마 중에서도 제일 뜨거운 부엌으로 갈 일이 끔찍하다. 이런 날은 주부 사표 내고 냉방시설이 잘되어 있는 곳의 직장으로 옮기고 싶다. 찬거리가 없는 냉장고 속을 생각하니 더욱 발이 떨어지지 않는다. 저녁밥 한 끼 짓지 않는다고 어찌되는 건 아니겠지 하면서도 부담은 밀려온다. 머리가 무겁다.

그래, 아픈 척하는 거야. 실제로 선풍기 바람에 눈도 따끔거리고 머리도 띵하다. 잘됐다. 동네 식당에서 콩국수나 사 먹자고 할 핑곗거리가 생겼다. 그렇게 파업할 준비를 하고 남편의 전화를 기다렸다. 오늘따라 전화가 오지 않는다. 내가 먼저 전화를 걸어서 아프다고 할 배짱은 없다. 시간이 흐른다.

막바지까지 드라마 같은 각본을 수정한다. 기운이 하나도 없는 목소리로 전화를 받으면 남편이 어디 아프냐면서 그대로 있으라고 하겠지. 부리나케 달려와서 옷을 갈아입으라고 하겠지. 더운 집을 피해 오랜만에 레스토랑에라도 가자고 하겠지. 의자도 빼 주고 와인도 한잔하면서 힘내라고, 당신밖에 없다고 조금만 견디라고, 하겠지. 그런데 쓰던 각본을 접수도 못하고 저녁이 되어버렸다. 드라마는 텔레비전에서 하고 있다.

정신을 차리고 부엌으로 갔다. 차선책으로 생각해두었던 저녁반찬 두 가지를 만들기 시작했다. 냉국과 부추전이다. 오이가 없다고 냉국을 만들지 못한다면 주부경력이 아깝다. 멸치 다섯 마리와 양파 한 쪽과 다시마를 넣고 육수를 끓여 식혔다. 채소박스에 단단해서 남겨둔 복숭아를 꺼내 채를 썰어 넣고, 불린 미역과 파 마늘 고추 식초를 더해 냉국을 만들었다.

부추와 양파, 매운 고추를 다져넣어 부침개 반죽을 했다. 냉동실에 있던 바지락 몇 마리도 넣었다. 고소한 냄새가 진동했다. 두 장의 부추전을 작은 채반에 놓고 냉국은 냉동실에 밀어 넣었다. 사상

최고 기록의 더위였고 냉장고에는 찬거리가 없었다. 그럼에도 불구하고 근사한 저녁밥상을 차렸다.

주부 본연의 모습으로 돌아왔다. 남편이 퇴근해 왔다. 냉국과 매운 부추전은 더울 때 남편이 찾는 음식이다. 남편은 부추전이 안주라고 맥주를 따라놓고 싱글벙글한다. 따라서 내 발걸음은 사뿐사뿐하고 목소리는 올라간다. 한 시간 전에 쓰던 각본은 다음 기회를 위해 깊숙이 집어넣는다.

오늘 쓴 각본은 언젠가 또 써먹을 날이 있을 것이다. 직장을 다닐 때도 수없이 내고 싶은 사표를 늘 책상서랍 깊숙이 넣어두고 견뎠었다. 아침마다 오늘 하루만 쉬었으면 하는 간절한 바람을 접어두고 천근만근 몸을 이끌고 출근했던 때가 있었다. 그런 나날을 견디지 않았다면 오늘이 있었을까. 누구나 다음을 위해 오늘을 견딘다.

옆집 학생은 다음 학기 등록금 마련을 위해 치킨배달을 하고 치킨 집 사장은 번창할 내일을 위해 예상 매출의 반도 안 되는 오늘을 견딘다. 따가운 햇살에 숨이 막힌다. 그럼에도 불구하고 아르바이트를 그만둘 수가 없다. 펄펄 끓는 기름 앞에서 닭 튀기는 일은 고문에 가깝다. 그럼에도 불구하고 주문전화가 울리기를 기다린다.

우리는 모두 멈추지 않는다.

절호의 기회

멋진 남자가 손을 내밀었다. 삼천 원을 주자 빠른 걸음으로 사람들 속으로 멀어져갔다. 한 번쯤은 뒤돌아볼 것을 기대했으나 주춤하는 기색도 없었다. 언뜻 웃음을 흘렸던 것 같아 보이지 않을 때까지 그의 등을 바라보았다. 옆에 있던 다른 사람들도 사라지는 그를 쳐다보고 있었다.

낯이 익어 말을 거는 줄 알았다. 그가 손을 내밀었기 때문에 구걸하는 것을 알아차렸다. 겉모습은 지방에서 서울로 출장 올라오느라 약간 지친 직장인 정도로 보였다. 소매를 걷어 올린 남방셔츠와 구겨진 면바지가 나쁘지 않은 것으로 보아 아직은 가족의 보살핌을 받는 듯했다.

주머니에 삼천 원 밖에 없었다. 돈을 건네고서야 너무 적다는 생각이 들었다. 천 원보다는 많았지만 오천 원보다는 적었다. 국수 한 그릇도 먹을 수 없는 돈을 들고 그가 사라졌다. 엉겁결이라 얼굴을 자세히 보지도 못했다. 그래도 다시 나타날 것을 대비해 얼굴을 떠올리려 애썼다.

많고 많은 사람들 중에 하필 왜 나에게 손을 내밀었을까. 그의 엄마를 닮아서일까, 누나를 닮아서일까 아니면 착하게 보였나, 그것도 아니면 또각또각 구두소리가 너무 컸나. 이유야 어떻든 괜찮다. 순간적으로 물러서거나 피했던 적에 비하면 순발력 있게 주머니의 삼천 원을 꺼냈다.

광장에는 그와 비슷해 보이는 사람들이 또 있었다. 느린 동작으로 제자리를 맴돌거나 멍하니 어딘가를 응시하는 그들 모두 옷차림이 너절했다. 그 사이로 배낭 멘 여인이 보였다. 그 여인을 따라 시선을 옮겼다. 눈이라도 마주치면 살짝 미소를 보내볼 참이었다. 그 여인의 표정은 무심했고 나는 그 반대였다.

눈을 떼지 못하는 내게 옆에 있던 분이 한 말씀 쐐기를 박았다. 아까 돈을 받아간 그 사람은 지금쯤 술을 마시고 있을 것이라고. 알코올 중독자라는 것이었다. 듣고 보니 혈색이 불그스름했다. 그것도 몰랐느냐는 말에 머쓱했다. 그렇다면 삼천 원은 그에게 밥이 아닌 독이 되었단 말인가. 밥이 되었든 독이 되었든 원하는 것을 얻은 그 순간은 행복했을 것이다.

　많은 사람이 오가는 서울역 광장. 그들의 발걸음만큼이나 내 생각은 바빴다. 남루한 옷가지가 밖으로 삐져나온 때 묻은 배낭을 멘 저 여인과 나는 다른가. 알코올 중독자에게 돈 준 것을 나무랐던 사람은 괘념치 않는데, 나는 관심을 거두지 못했다.

　아침 풍경이 떠올랐다. 입을 옷이 없다는 말에 벗고 살았느냐는 남편, 운동화를 꺼내는 내게 구두를 신어야 서울에 대한 예의가 아니겠느냐는 딸, 그들이 내 가족이다. 저들과 나는 가족이 기다리는 집으로 돌아가기 위한 기차를 타는 시간만 다를지도 모른다.

　가방 속에서 지폐 한 장을 꺼내 주머니에 넣었다. 기차 시간이 다 되도록 누구도 손을 내밀지 않았다. 그 남자 역시 다시 볼 수 없었다.

　기차를 타고서도 한참 동안 주머니의 지폐를 만지작거렸다. 나는 언제나 그랬다. 기회가 와도 잘 잡지 못했다. 기회는 흔히 오는 게 아닌데 말이다.

열무 다섯 단

보드라운 콩잎이 넘실넘실 춤을 춘다. 콩 포기들 사이의 열무도 제법 키가 높다. 옆에 선 봉선화 꽃차례의 아래쪽은 벌써 씨를 맺었다. 인연이 닿는 대로 가져다 심으니 손바닥만 한 터가 꽃밭 같기도 하고 남새밭 같기도 하다.

모판에 길러놓은 포기를 얻어다 심어 새나 벌레가 먹을 일 없이 창창하게 자랐다. 순지르기를 해주어야 웃자라지 않아 꼬투리가 많이 열리고 콩이 잘 여문다. 잘라낸 곁순에서 콩잎을 한 움큼 땄다. 소금물에 삭혀 장아찌를 만들어볼 참이다. 어릴 적에 먹었던 그 맛없던 장아찌가 지금은 밥맛을 돋우는 별미다.

그때는 콩밭도 싫었고 콩잎반찬도 싫었다. 엄마가 여름내 콩밭에서 살았기 때문이다. 엄마는 이쪽 끝에서 저쪽 끝이 보이지 않을 정도로 긴 밭고랑에 들어가면 해가 꼴딱 넘어가고 나서야 일어섰다. 그것으로 끝이 아니다. 밭고랑 군데군데 뽑아 놓은 열무를 거두어야 했다. 이불보자기에 태산같이 쌓아올려 더리에 이고 집으로 날랐다. 아기 다루듯 마당에 살포시 내려두고서야 어둑한 부엌에 들어갔다.

반찬은 콩잎장아찌에 열무김치였다. 노랗게 익은 열무김치와 가을에 따서 된장에 박아 둔 노란 콩잎장아찌까지 밥상 앞에 앉은 내 얼굴도 노랬다. 엄마는 반찬 투정하는 나를 달랠 짬이 없었다. 온 마음이 파란열무에 가 있었다. 그때는 집집마다 콩밭고랑 사이에 열무를 심어 장에 내다 팔았다.

저녁상을 물리고 엄마는 뽑아다 놓은 열무보따리를 펼쳐 장거리를 만들었다. 늘 하는 일이라 눈 감고도 할 것 같은 일을 매번 정성을 들였다. 보드라우면서도 쭉 잘 빠진 열무를 넉넉하게 묶어야 시장에서 손이 쉽다. 단을 묶는 일은 엄마만 할 수 있는 일이었다. 열무 단을 세어 젖은 무명보자기로 덮어 두고서야 일이 끝난다. 보통 삼사십 단, 많을 때는 오십 단까지 만들었다. 단이 많아도 내일 새벽 장에서 값이 어떻게 설지 걱정을 안그 자야 했으니 아마 엄마는 잠을 설쳤을 것이다.

버스 정류장에는 엄마처럼 열무 보따리를 인 동네 분들이 나와

네 집 것이 좋으니 내 집 것은 벌레가 먹었네 하면서 첫차를 기다린다. 어느 장으로 가야 열무를 손쉽게 처리할까를 각자 머릿속으로 그리면서 버스에 오른다. 엄마 역시 도매로 넘길 것인지 소매를 할 것인지를 가늠하며 창밖을 바라본다. 어느 골목에 가면 아침 일찍 엄마를 기다리는 부지런한 도시의 주부가 있더라는 것은 속으로만 생각하고 말을 아낀다.

　엄마는 보드라운 열무를 잘 길러 아낌없이 두툼한 단을 만들었으니 당연히 엄마 열무가 손쉽게 처리되리라는 것을 믿어 의심치

않았다. 그렇게 가져간 열무를 장사꾼한테 도매로 넘기게 되면 값이 좀 억울하기는 해도 시간을 벌어 괜찮다. 또 소매를 하면 값을 잘 받는다. 대신 시간이 걸린다. 그것도 괜찮다.

엄마가 첫차로 시장에 갔다가 아침밥 시간에 돌아오는 날은 도매로 넘긴 날이다. 엄마의 가벼운 발걸음에 내 기분도 가벼워진다. 엄마는 하루를 온전히 밭일을 할 수 있어서 걸음이 가볍고 나는 엄마 기분이 좋으니 그냥 좋은 것이다. 또 점심쯤에 돌아오는 날은 소매로 값을 잘 받았다는 뜻이다. 그런 날은 기분이 더 좋다. 엄마와 내가 제일 좋아하는 복숭아를 사오는 날이라는 것을 안다. 엄마가 골라온 복숭아는 특별히 꿀맛인데 그 이유는 벌레 먹은 것이기 때문이다. 당도가 센 것을 벌레는 더 잘 알기에 틀림없다. 자라목이 되도록 이고 간 열무를 팔아 멀쩡한 복숭아를 사오는 일은 없다.

여름 한철 이 두 가지 일은 늘 반복되는 일인데 가끔 지치는 날도 있었다. 그런 날은 열무가 쉽게 팔리지 않는 날이다. 지난 장금을 보고 아까워서 도매로 넘기지 못한데다 물량이 많이 나온 날이다. 아침장이 반짝 섰을 때 처리하지 못하면 그날 하루 고생이다. 가게들이 문을 열기 시작하면 좀처럼 열무가 팔리지 않는다. 싱싱하던 열무는 시들어간다. 시들어가는 열무처럼 엄마 어깨도 처진다. 시든 열무를 이고 뙤약볕에 이 골목 저 골목 돌아도 누구 하나 부르지 않는다. 임자를 만나기 위해 골목으로 장으로 돌다보면 시간은 금방 흐른다. 결국에는 처음 섰던 값에서 반의반도 못 받고 처리하고 만다. 그런 날은 패잔병 모습으로 돌아온다. 엄마의 귀가시간에 따라, 엄마가 들고 오는 보자기의 부피에 따라 엄마걱정은 다르다. 해가 시들도록 오지 않는 엄마를 어떻게 하면 기쁘게 할까 마음이 바쁘다.

나비물을 뿌려 축담을 쓸고 걸레를 적셔 마루를 닦는다. 물기가 마르도록 엄마가 오지 않으면 다시 그 일을 반복한다. 그러다 한 가지 일을 더 찾아한다. 장독을 닦는 일이다. 평소에 엄마가 하던 대로 행주로 독을 닦고 바닥의 감나무 이파리도 쓸어낸다. 마당에 뿌린 나비물 자국이 희미해질 즈음 엄마가 돌아온다.

시든 열무처럼 축 처져서 돌아오는 엄마를 보면 나도 덩달아 어깨가 처진다. 그나마 빈 보자기면 다행이다. 볼록한 보자기를 들고 오는 날은 정말 슬픈 날이다. 그저 주다시피 열무를 처리했는데 먹을 것을 사오는 일은 없기 때문에 그건 분명 남은 열무 몇 단이라는 것을 안다. 엄마는 말없이 부엌으로 들어가 찬물을 들이키면서 너무하는 세상을 원망한다. 시든 열무는 결국 우리 집 김치가 된다.

해질녘에 다시 밭으로 나간 엄마는 콩밭고랑의 열무는 꼴도 보기 싫은지 다른 일을 한다. 그 영향은 다음날까지 간다. 이에 아랑곳하지 않고 콩밭고랑의 열무는 잘도 자란다. 그걸 보면 결국 또 열무를 뽑는다. 그렇게 엄마는 열무와 여름 한철을 보낸다. 여름을 열무와 보내기는 나도 마찬가지다. 엄마를 따라 다니며 일을 거들어야 했기 때문이다. 뽑아놓은 열무를 모으고 다듬는 것은 말할 것도 없고 장에 간 엄마의 귀가 시간에 따라 상황이 달라진다는 것을 꿰고 있는 나도 반 열무 장사였다.

그러다 한번은 진짜 열무를 이고 장에 갔다. 옆집 아주머니가 팔아 줄 것이니 따라 갔다 오라는 엄마의 심부름이었다. 그날은 열무가 다섯 단밖에 만들어지지 않아 그것을 가지고 장에 가면 하루 일을 못하기 때문에 엄마가 나를 보냈다. 장에 가서 열무를 앞에 놓고 아주머니 옆에 섰다. 옆집 아주머니 열무 삼십 단을 다 팔아야 내 차례가 되니 초조했다. 엄마처럼 열무를 집으로 다시 가져가게 될까 걱정이었다. 그날은 큰 장이 서는 날이라 그랬는지 다행히 아주머니도 나도 열무를 다 팔았다. 아직도 잊히지 않는 백오십 원.

백오십 원을 손에 쥐고 아주머니를 따라 장 구경을 다녔다. 아주머니가 대장간에 들렀을 때 앞에 도넛 집이 보였다. 내 마음대로 쓸 수 있는 돈은 아니지만 침을 꼴깍 삼키며 손을 펼쳐 돈을 세어보았다. 그러다 백 원을 떨어뜨리고 말았다. 땀이 밴 손바닥에 돈이 붙어있다 튄 것이다. 돈과 함께 심장이 쿵 떨어졌다. 떼굴떼굴 굴러 달아나는 돈을 보며 앞이 캄캄했다. 그런데 곡선을 그리며 돌던 돈이 하수구 구멍 앞에서 딱 멈추었다. 눈 깜작할 사이에 지옥과 천국을 넘나들었다.

엄마에게 백오십 원을 내밀었다. 엄마는 풀빵이라도 한 개 사먹지 그랬느냐며 나를 안쓰러워했다. 그날은 엄다 혼자 콩밭에 나갔다. 나도 엄마에게 힘이 되었다는 뿌듯함에 마음 놓고 골목을 누비고 놀았다.

그때 같이 놀았던 친구를 얼마 전에 만났다. 친구는 학교 가는 버스에 자기 엄마가 열무 보따리를 이고 타면 못 본체했던 이야기를 했다. 나는 열무 다섯 단과 굴러가던 돈이 하수구 구멍 앞에서 딱 멈추었던 그 장면을 이야기했다. 우리는 열무김치와 콩잎장아찌가 얼마나 특별한 음식인지에 대하여도 열을 올렸다. 그때는 열무 팔러 간 엄마를 걱정했는데 지금은 아직도 농사를 그만두지 않는 엄마를 걱정한다.

그때처럼 콩밭에 열무를 심었다. 콩대가 적당히 그늘이 되어주니 보드랍게 자란다. 팔러 갈 열무는 아니지만 그전에 엄마처럼 김을 매고 북을 돋우어 준다. 구멍 숭숭 뚫린 열무를 들여다보며 엄마생각을 한다. 엄마 손의 굳은살은 언제나 보드라워지려는지. 세상의 엄마들이 조금 더 편했으면 좋겠다.

단단한 뿌리

울타리 양쪽에 노란 장미꽃이 피었다. 어떤 사람은 우리 집을 '노란장미집'이라고 일컫는다. 장미를 어찌 그리 잘 키우느냐고 묻는 사람도 있다. 해마다 탐스럽게 피는 노란 장미 덕분이다. 올해는 양쪽 울타리에 장미가 가득 피었으니 정말 노란 장미집이 되었다. 꽃이 많이 핀 이유는 장미의 단단한 뿌리 덕분이다.

장미가 양쪽으로 똑같이 핀 것 같아도 자세히 보면 다르다. 한쪽의 장미는 꽃송이도 크고 꽃망울도 많다. 찔레 뿌리에 접붙인 장미다. 야생 찔레 뿌리는 튼튼하고 생명력이 강하다. 뿌리가 튼튼하니 바로 자리를 잡았고 꽃이 피었다.

반대쪽은 꽃송이가 잘다. 한쪽 울타리에만 장미를 키우다가 꽃송이가 크고 튼실해 가지를 꺾꽂이 해보았다. 고비가 많았다. 뜨거운 여름 햇볕에 시들었다가 깨어났고, 겨울 추위에 가지의 반이 얼어버려 잘라냈다. 연약하니 벌레도 잘 끼었다. 겨우 목숨만 부지하더니 삼 년 만에 꽃을 피웠으니 그럴 수밖에 없다.

장미가 한창일 때면 찔레꽃도 만발한다. 대청호 호반 길에는 찔레덩굴이 유난히 많다. 호수와 산의 경계인 모래언덕이 온통 찔레꽃밭이다. 그중에 특이하게 분홍찔레꽃이 피는 곳이 있다. 이맘때면 꼭 찾아가본다. 장미 같은 분홍찔레꽃 앞에 서서 고향의 찔레꽃 언덕을 그려본다.

찔레 순을 꺾어 먹고 학교에 간 날이었다. 종소리보다 약간 늦게 들어오시는 선생님 뒤로 하얀 블라우스에 감색 치마를 입은 아이가 따라왔다. 소개가 끝나고 그 아이는 중간쯤의 자리에 앉았다. 전학 오는 일이 좀처럼 없는 시골이라 학교에 금방 소문이 났다. 그 아이는 봄에 전근 오신 여선생님의 딸이었다.

찔레를 먹은 푸르죽죽한 입술들이 쫑긋쫑긋 주변을 둘러싸도 분홍입술에 하얀 얼굴의 그 아이는 말이 없었다. 찔레꽃 속에 핀 한송이 장미꽃 같았다. 단정했던 그 아이는 얼마 안 있다 다시 전학을 갔다. 여선생님이 작은딸만 데리고 남편과 갈라섰다는 소문은 떠나고 나서 들었다.

그 아이가 살았던 집 담장 안에는 장미가 자라고 있었다. 빨간 장미꽃이 담장 밖으로 늘어질 무렵이면 우리는 찔레 가시에 찔리면서 감꽃을 주웠다. 빈집이 된 다음 해부터는 담장에 장미꽃이 피지 않았다. 장미가 심어졌던 화단이 풀밭이 되고 나서도 우리 집 뒤 찔레 덩굴은 감나무 아래까지 뻗쳐 내려왔다.

가시에 찔리고 긁히며 찔레 순을 꺾어 먹던 일. 온 동네에 하얗게 피었던 찔레꽃. 찔레꽃 향기. 그때는 그것들이 소중하다는 생각을 못했으나 지금은 그런 추억들이 삶의 뿌리 역할을 한다. 시골에서 나고 자라 도시생활을 하는 지금, 그것은 찔레뿌리에 내린 장미의 삶 같은 것이다.

꺾꽂이한 장미도 삼 년 만인 올봄에는 성큼 자랐다. 뿌리가 단단해진 것이다. 꽃피우며 사는 것은 단단한 뿌리 덕분이라는 사실을 찔레꽃 그늘서 새삼 깨닫는다. 뿌리가 튼튼해야 꽃도 오래 피울 수 있고 고난도 이겨낼 수 있다. 뿌리가 단단하면 벌레에도 풀에도 잠식당하지 않는다.

지금쯤 어디에선가 단단히 뿌리를 내리고 꽃피우고 있을 그림을 잘 그렸던 그 아이를 떠올려 본다.

어메이징
그레이스

끌어당기는 힘은 어떻게 작용하는 걸까. 사과는 나무에서 따면 되는데 보이지 않는 그 무엇에 끌려 사람과의 인연이 된다는 것에 대하여 생각해 보는 요즘이다.

마트에서 장을 보고 있었다. 많은 사람들 속에서 어떤 한 사람이 눈에 들어왔다. 입고 있는 옷이 곱다며 말을 걸었다. 더 편한 옷을 입으셨는데 무슨 말씀이냐고 했다. 나는 헐렁한 면 소재 옷을 입었고 그 사람은 염색 옷이었다. 상황이 겸연쩍어 실례했다는 인사를 남기고 자리를 떴다.

장을 보고 주차장으로 나왔는데 그 사람이 주차장에 먼저 나와

짐을 싣고 있었다. 더 이상 아는 체하지 않고 뒤따라 가만히 차를 몰았다. 앞서가던 그 차가 우리 집 못미처 작은 마을로 들어갔다. 그제야 마음이 편해졌다. 혹시 이상한 사람으로 오해하지는 않았을까. 집으로 돌아오는 얼마동안 조금 전의 일에 생각이 잡혔다.

쑥 염색 해놓은 광목으로 어떤 옷을 만들까 구상 중이었다. 그 사람이 입은 옷의 디자인을 본뜨고 싶었다. 힐끔힐끔 쳐다보는 것 보다는 양해를 구하는 게 나을 것 같았다. 시골에 산다고 했고 집에서 얼마 안 떨어진 마을로 들어갔으니 언젠가는 한번 만날 수도 있겠구나 하는 생각을 어렴풋이 했던 것 같기도 하다.

그즈음 어떤 분이 우리 집에 자주 찾아왔다. 이웃마을에 살면서 그림 그리는 분인데 꽃에 관심이 많아 꽃도 나누고 통하는 데가 있어 이야기도 나누었다. 그러던 중 소개해 줄 사람이 있다고 했다. 언질은 봄에 했는데 여름이 되어서야 그 집에 나를 데리고 갔다.

주인이 현관 앞에 나와 기다리고 있었다. 마트에서 말을 붙였던 눈매가 선한 그 사람이었다. 소개를 자청한 사람이, 오가며 지내면 좋을 사람이라고 했던 말이 생각나 살짝 웃음이 나왔다. 나를 알아보는 것 같지는 않았다.

이야기 중에 지난봄 마트에서의 일을 들추었다. 그날 상황을 그대로 기억하고 있었다. 가족에게 이야기했으며 그때 입었던 옷을 사준 서울 사는 동생에게 전화까지 했다고도 했다. 딴 마음 없이 순전히 옷 때문이었다는 것을 그대로 받아들일 것 같았다. 느낌이

좋은 사람을 만났을 때의 뭉클함 같은 것이 지나갔다.
  두 분이 나보다 십여 년 연상이었고, 시골 생활도 먼저였다. 그분들 집에 서 있는 나무도 잔디도 정답게 느껴졌다. 우리 세 사람

다 서로서로 안 지가 얼마 되지 않았는데 취향이 통했다. 나는 그분들을 잘 따랐고, 그분들은 우리 마당에 핀 꽃들을 자주 들여다보았다.

알프스에서 바람을 등지고 플루트 연주를 했다. 연주라고 하기엔 미흡하다. 레슨 두 달 만에 겨우 소리를 나게 되었는데 여행을 다녀오면 도로무익이 될 걸 걱정해 선생님이 악보를 챙겨 주셨다. '어메이징 그레이스'. 사람의 인연이야말로 놀라운 은혜다. 마트에서 말을 걸었던 그분에게 플루트를 배운다.

플루트에서는 퍽퍽한 소리만 나고 끙끙대는 숨소리가 더 크다.

호흡은 금방 끝나버려 정해진 마디까지 가지 못하고 끊어진다. 볼이 아프고 귀까지 멍하다. 지나가던 두 사람이 걸음을 멈추고 귀를 세운다. 네덜란드에서 온 노부부였는데 플루트 소리가 아름답다며 손뼉을 쳤다. 놀라운 일이다.

플루트연주나 사람 사는 일이나 호흡조절을 잘해야 아름다운 소리를 낼 수 있다. 처음에 호흡을 많이 써버리면 끝으로 갈수록 연주가 매끄럽지 못하다. 끝까지 가려면 호흡을 아껴야 한다. 플루트도 인연도 호흡조절이 중요하다.

두 분의 안부라도 가지고 온 듯 알프스 고개의 구름이 나를 내려다본다.

발자국
속의 별

　좁은 공간에서 마음이 가벼운 이유는 무엇일까. 큰 방, 넓은 거실도 아닌 마당가의 작은 흙방이 사람을 참 편하게 했다. 우리가 반응할 것은 뜨끈한 방바닥뿐이었다.

　어둑하도록 다리를 뻗고 마주앉아 이런저런 세상의 일로 이야기꽃을 피웠다. 이웃집 강아지에서 동네 이장, 군수, 대통령으로 북한과의 관계까지 확대되어갔다. 그러다 종내에는 자신들의 이야기로 돌아왔다.

　도시의 아파트에서 살다가 시골로 이사 온 서넛이 모여 앉았는데 모두 나이가 지긋했다. 그래서인지 앞으로의 생활방식에 대한 생각을 나누었다. 이사 올 때만 해도 적응할 수 있을까를 걱정했던 사람들이다. 그런데 지금은 노후를 시골에서 보내겠다는 결론을 얻었다고들 했다. 힘 있을 때 전원생활을 하고 나이 들면 도시로 돌아갈 것을 염두에 두었는데 그럴 필요가 없다는 것이다.

다들 집을 크게 지었다. 집지을 당시에는 작아야 후회가 없다는 말이 귀에 들어오지 않았다. 커다란 집이 주는 만족감은 삼 개월이면 끝난다는 것을 살아보고서야 알았다. 물론 집이 작았으면 하는 것은 나이가 들면 그것을 가축하기에 벅차다는 뜻도 있다. 그보다 앞선 이유는 작은 공간에 있을 때 고향에 온 듯 푸근하더라는 것이다.

누구나 고향을 품고 산다. 실재하는 고향일 수도 있고 마음에만 있는 고향일 수도 있다. 언젠가는 돌아가기를 갈구하는 그곳, 고향은 어쩌면 우리가 온 엄마의 자궁속인지도 모른다. 생명 있는 모든 것들은 회귀 본능을 가지고 있다.

집 뒤에 차로 실어온 작은 농막이 있다. 주인이 와서 땅을 가꿀 때 쉬는 곳이다. 동남으로 창을 내고 작은 덱을 달아 드나들게 만들었다. 덱 끝에는 우편함이 달려 있는데 봄이면 박새가 그 속에 알을 낳아 품는다. 주인은 박새가 연애편지라도 물고 온 것처럼 반긴다. 그럴 때면 농막으로 올라가 차를 마시곤 한다. 이상하게 그 방에서 차를 마시면 심신이 느슨해진다. 이 역시 작은 공간이 주는 안정감이다.

아이들이 자랄 때 식탁 밑이나 커튼 뒤, 베란다 같은 좁은 곳에서 놀기를 좋아했다. 그래서 거실에 텐트를 쳐준 적도 있고, 냉장고 포장박스로 집을 지어 며칠간 그 안에 놀게도 했다. 지금 아이들은 창공으로 날아간 박새처럼 어딘가를 열심히 날고 있다. 나이가 들면 다시 어릴 때 놀던 그런 공간을 찾아 나설 것이다.

작은 공간은 우리를 안으로 들게 하는 힘을 가졌다. 안으로 들면 이야기가 깊어진다. 이야기가 깊어지면 삶의 어려움을 나눌 수 있다. 나누는 것만으로 따뜻한 힘이 된다. 작은 창으로도 얼마든지 넓은 세상을 볼 수 있다. 우리를 행복에 닿게 하는 것들은 작고 적은 것들이라는 것을 흙방에서 깨달았다. 가벼운 마음으로 일어섰다.

강아지가 먹다 남긴 물속에 몇 개의 별이 떠 있다. 발자국에 고인 물속에도 나무가 있고 달과 별이 반짝인다. 젖은 마음을 말리기엔 작은 흙방이 그만이다.

이것 또한
지나가리라

3월 11일 일본 지진 첫날, 아파트 한 라인에 살았던 인연으로 몇 사람이 모여 점심을 먹었다. 그간의 안부도 듣고 여러 가지 담소를 나누고 있는데 핸드폰 문자 음이 울렸다. 일본에 지진 난 걸 알고 있느냐는 내용이었다. 밖으로 나와 문자 보낸 사람에게 전화를 거는데 가슴이 떨렸다. 군대에 가있는 조카에게서 다시 전화가 왔다. 지진 났는데 누나는 어디에 있느냐고 물었다. 다리에 힘이 조금씩 빠지고 가슴이 뛰었다. 또 다른 사람에게 전화가 왔다. 비교적 일본지리를 잘 아는 이라 정확히 어디냐고 물었더니 센다이라 했다.

집으로 달려와 텔레비전과 컴퓨터를 켰다. 아이가 전화를 가져가지 않았기 때문에 연락할 방법이 메일 밖에 없었다. 빨리 연락하라는 간단한 메일을 1차로 보냈다. 그러면서 센다이에서 많이 떨어진 곳에 있다는 것을 염두에 두고 마음을 가라앉혔다. 수선을 피운다고 달라질 것이 없으니 의식적으로 차분해지려고 노력했다. 그래도 숨을 자주 쉴 수가 없었다.

한 시간쯤 지나 아이한테서 괜찮다는 연락이 왔다. 바닷가에 있다가 상점에 사람들이 모여 있어서 들여다보니 지진 뉴스가 나와 급히 숙소로 들어왔다고 했다. 괜찮다는 메일을 받았는데도 하고 싶은 말을 자세하게 전하지 못하니 자주 마음이 급해지곤 했다. 당장 아이에게 달려가고 싶은 맘이 불같이 일어나곤 했다.

지진 나고 얼마동안은 아이한테서 수시로 메일이 왔다. 나와는 달리 아이는 차분히 대처하는 것 같았다. 우리나라 뉴스를 보면 무섭고, 일본 뉴스를 보면 덜 무섭다고도 했다. 나도 마찬가지로 뉴스 시간에 불안이 더했다. 며칠 지나고부터는 아이에게 아침저녁 하루에 두 번만 뉴스를 보라는 메일을 보냈다. 나 역시 그렇게 하기로 마음먹었다.

아이는 일본에 교환학생으로 갔다. 개학 한 달을 앞두고 떠났다. 비용도 줄이고 색다른 경험도 해볼 겸해서 부산에서 배를 탔다. 떠나기 전에 후쿠오카에서 시작해 최남단에서부터 해변을 돌아 개학에 맞춰 도쿄로 온다는 여행계획을 설명해주었다. 카메라와 전화기 없이 혼자만의 시간을 가져보고 싶다고 했다. 아이는 이번 여행을 위해 제주도를 다녀오는 예행까지 하고 떠났다.

떠나고 딱 일주일 되는 날에 지진이 났으니 야쿠시마에 머무는 날이었다. 섬이라 처음에 더 놀랐다. 지진 난 곳과 먼 거리라 아무런 느낌이 없다고 전해왔다. 그러는 사이 미야자키 타카치호를 거쳐 유후인까지 왔다. 하루하루 걱정은 되어도 딱히 어떻게 할 수도 없었다.

미야자키에 머물 때 처음으로 돌아오라는 메일을 보냈다. 보통 하루에 네댓 번 메일을 보냈는데 보낼 때마다 마음이 바뀌었다. 뉴스를 보고 보내는 메일은 대부분 당장 돌아오라는 내용이었고, 아이의 메일을 받고 답으로 쓰는 메일은 잘하고 있으라는 내용이었다.

3월 13일 일요일 아침에는 냉정하게 생각을 하게 되었다. 아이에게 돌아오지 않을 거면 센다이로 가서 봉사를 하는 게 어떻겠느냐는 의견을 보냈다. 통역을 하거나 물을 나누어 주거나 담요를 나누어 주거나 어떤 일이든 할 일이 있을 터였다. 그렇잖아도 여행을 한다는 게 죄스러워 일본 친구에게 의논하였더니 그냥 그대로 여행을 하되 성금을 내라고 했단다. 아이는 군것질을 끊고 매일 소액이나마 성금을 내고 있다고 했다.

3월 14일 오후, 면사무소에서 전화가 왔다. 교환학생 간 아이의 부모냐고 물었다. 가슴이 철렁 내려앉았다. 알고 보니 정부차원에서 교민과 출국자의 안전을 확인하는 것이었다. 우리나라의 행정 시스템과 공무원들의 대처가 고마웠다. 놀랐고, 이런저런 전화가 자꾸 오고 해서 밖에 있을 수가 없었다.

  집으로 와 컴퓨터를 켜니 메일이 와 있었다. 영문메일인데 아이가 전화번호를 적고 전화하라는 내용이었다. 전화를 기다렸을 아이를 생각하니 집 비운 것이 후회되었다. 마음이 급하니 전화가 잘 걸어지지 않았다. 세 번 시도 끝에 신호음이 울렸다. 일본 친구가 본인 이름으로 전화를 개설해 게스트하우스로 보내준 것이었다. 목소리를 듣고 긴 통화를 하고나니 한결 나았다.

  늦은 오후에는 군청에서 확인 전화가 또 왔다. 학교 행정실에서도 전화했다. 지진 첫날, 학교 행정 담당자와 잘있다는 연락을 주고받았는데 학과에서 또 한 번 연락이 온 것이었다. 면사무소에서 전화를 먼저 받았기 때문에 놀라지는 않고 차분히 대답했다. 모두 무척 고마웠다.

  전화가 있으니 아침저녁으로 안부를 확인할 수 있어 한결 나았다. 그러는 사이 원자력발전소 문제가 터졌다. 시시각각 불안한 뉴스로 다시 안절부절이었다. 당장 표를 구해 아이가 왔으면 싶었다. 안정되면 다시 가더라도 무조건 오라는 메일을 보냈다. 아이는 일본에 인구가 얼마인데 나 한 명 돌아간다는 게 말이 되느냐고 했다. 배를 타고 가면서 화산폭발을 직접 보기도 했다며 괜찮다고 했다.

일본에서 나오려는 사람들 편의를 위해 비행기 운행횟수가 늘었다. 특별기를 보내는 나라도 있었다. 냉정하던 남편도 방사능 뉴스가 긴급하게 전해질 즈음엔 걱정을 많이 하는 눈치였다. 아이는 냉정한 판단을 할 줄 알았던 제 아빠가 걱정을 하니 꼭 그러면 전세기를 보내달라면서 웃었다. 돌아오지 않겠다는 확고한 대답이었다.

남편은 핵연료를 만드는 기술자다. 핵연료 관계자들에게 배포된 일본 원전의 일지를 가져와 자세히 보았다. 알려진 것보다는 덜 위험하다는 내용이었다.

시간이 흐르면서 일본지진도 내 마음도 안정되어갔다. 아이의 안부를 묻거나 걱정하는 사람들에게는 아이가 집에 왔다고 대답했다. 모두들 걱정을 하니 어쩔 수 없었다.

큰일이건 작은 일이건 시간이 지나면 입장이 달라진다는 것을 또 한 번 느꼈다. 〈이것 또한 지나가리라〉라는 시를 떠올려 보는 날이다.

바느질하는 이유

내 바느질 경력은 참 오래되었다. 눈 감고도 할 법도 한데 뜯어고쳐야 할 때가 더 많다. 맨날 살아도 뒤돌아볼 때가 많은 삶처럼.

열 살쯤 처음 반짇고리를 뒤져 오자미를 만들었다. 성긴 바늘땀 구멍으로 콩이 빠져나오기는 했어도 오자미를 들고 나갈 때의 그 질감을 잊을 수가 없다.

중학생이 되어 하복 블라우스를 입을 무렵이었다. 아무도 없는 방에서 문고리를 걸어 잠갔다. 엄마의 천 보자기를 풀어 헝겊을 잘라내고 마분지를 준비했다. 도안도 없고 견본도 없이 오직 한두 번 본 기억을 되살려 가위질을 해나갔다. 봉긋하게 올라온 가슴에 무릎을 고이고 앉아 진땀을 흘렸다.

납작한 빵떡 두 개를 만들었다. 마분지를 그만하게 오려 바가지 모양이 되게 풀로 붙였다. 왼쪽을 줄이면 오른쪽이 크고, 오른쪽을 줄이면 왼쪽이 크고를 몇 차례 반복했다. 내 가슴 모양이 되었다. 양쪽 균형 맞추는 일은 지금도 어렵다. 빵떡 속에 마분지를 넣는 데 한나절이 갔다.

미완성인 채로 누구에게 보이기는 부끄러웠다. 집에 아무도 없는 날 다시 바늘을 잡았다. 어깨끈 두 개와 등으로 묶을 끈 한 개를 연결했다. 몇 날 며칠에 걸쳐 완성한 난해한 작품이었다. 드디어 블라우스에 브래지어 끈이 비치는 여학생이 되었다.

바느질은 생명을 불어넣는 일이다. 헝겊에 불과했던 무명천이 방석이 되고 냅킨이 되고 식탁보가 된다. 큰 것과 작은 것, 고운 색과 미운 색을 이어 아름다운 보자기를 만든다. 이것과 저것을 꿰매어 일상을 축제로 만드는 것과 같다.

가장 작은 도구로 가장 좁은 공간에서 무아의 경지어 이를 수 있는 바느질. 그래서 오늘도 바늘을 잡는다. 길 위에서 허전할 때 재봉틀을 차린다. 일상을 쉬고 싶을 때 바느질거리를 찾는다. 바늘을 잡으면 복작대는 일상이 긍정의 시간으로 바뀐다. 바느질을 하다 보면 어디론가 확실하게 옮겨져 있다. 자기 정화에 이르는 빠른 길, 그게 바느질이다.

민들레 한 포기 수놓아 가방을 만들었다. 균형도 맞고 배색도 괜찮다. 이번에 가방을 만들면서 느낀 것은 디자인이 단순할수록 천 허실이 적다는 것.

내가 바느질하는 이유다.

이옥순 수필집
홍차가 우려지는 동안

인 쇄 / 2013년 12월 24일
발 행 / 2013년 12월 30일

지은이 / 이 옥 순
발행인 / 서 정 환
발행처 / 수필과비평사

출판등록 / 제300-2013-133호
주 소 / 서울시 종로구 삼일대로 32길 36
　　　　(익선동 30-6 운현신화타워 빌딩) 301호
전 화 / (02) 3675-5633, (063) 275-4000
팩 스 / (063) 274-3131
E-mail / essay321@hanmail.net

값 13,000원

ISBN 979-11-951582-1-8 03810

이 도서의 국립중앙도서관 출판시도서목록(CIP)은 서지정보유통지
원시스템 홈페이지(http://seoji.nl.go.kr)와 국가자료공동목록시
스템(http://www.nl.go.kr/kolisnet)에서 이용하실 수 있습니다.
(CIP제어번호: CIP2013028815)

※ 저자와 협의, 인지는 생략합니다.
※ 잘못된 책은 바꿔 드립니다.